Yayına Hazırlayan Mürşit Balabanlılar

Kapak Resmi Gürbüz Doğan Ekşioğlu
Kapak Tasarımı Mehmet Ulusel / Ayşe Topçu
Düzelti Okşan Özferendeci
Sayfa Düzeni Tipograf (0212) 249 01 01
Birinci Basım Ağustos 2002
ISBN 975-458-366-8
OTM 11021601
Basımevi Şefik Matbaası (0212) 551 55 87
İstanbul

TÜRKİYE İŞ BANKASI
Kültür Yayınları

rüzgâr geri getirirse

(EŞİKLİ ÖYKÜLER)

Mehmet Zaman Saçlıoğlu

Öykü

Mefkûre'ye

8

İçindekiler

Rüzgâr Geri Getirirse
13

Göl ve Gölge
37

Migurlar
45

Filmler
59

Heykel
71

Topaç
(1998 Milliyet - Haldun Taner Öykü Ödülü)
123

Kelebekleri Gördüm
133

Rüzgâr'ın ayağımızın dibine bıraktığı her kâğıt parçası, yine onun tarafından bir başkasından alınmıştır. Bizim bir başka zamanımızdaki *Ben* de *Bir başkası* sayılabilir. Böyle bir kâğıttaki her sözcüğü, *Zaman*'ın ördüğü görünmez bir kabuk sarar. Bu kabuk, *Dil*'in sözcükte ilk andan başlayarak oluşturduğu anlam ve ses çekirdeğinin koruyucusudur; kimi kez anlamın örtülmesi de bu yüzdendir. *Rüzgâr* alacağı metinleri seçerken çekirdeği kabuktan önce görür; çünkü her sözcüğün rüzgârı kendi içinden doğar, dışarı çıkınca ötekilerle birleşir, kaynağını unutur. Bu bir zorunluluktur. *Rüzgâr*'ın işini, üstü yazılı kâğıtlarımızı açık bir pencere önüne bırakarak kolaylaştırabiliriz yalnızca.

Yazdıklarımızın *Zaman*'a dayanması, *Rüzgâr*'a dayanmasıyla aynıdır. *Zaman*'ın rüzgârına dayanan, *Rüzgâr*'ın zamanına da dayanır. Çünkü *Zaman* ve *Rüzgâr* dağları birlikte yonttular. Çöl kumu onların başarısıdır; çöl gecesi de. Suyun her kımıldayışında *Rüzgâr* ve *Zaman* birlikte bulunur. *Su*, yalnızca onlarda yıkanır. Metinlerin gücü ise, kıpırdamayan sudaki *Zaman*'ı ve *Rüzgâr*'ı gösterebilmeleriyle ölçülür.

Suyun mavisinde yükselen *Gök*, *Akıl*'ın ve *Dil*'in anayurdudur. Bütün göçler buradan başladı. Shakespeare: *"Sözlerim uçuyor havaya, ama düşüncem yerde / Öz olmayınca söz yükselmiyor göklere!"* dedirtmiştir Hamlet'in Kral amcasına.

Gökselleşen *Söz*, *Zaman*'ın ve *Rüzgâr*'ın sırtında gezdikten sonra yurduna dönmüş bir gezgindir. At ve yelkenli aynı işe yarar. İkisinin de ömrü sınırlıymış gibi görünür ama kavramları gökseldir. Onlar bizi toprakta ve suda gezdirirler. Gökte gezdiren ise katışıksız *Akıl*'dır. *Tanrı* bu yüzden göğe karışmak istemez.

Rüzgâr güçlendikçe yelken küçülür. Buna *Korku* adını verdiler. *Meltem*, büyük yelkenlerle gezilir; azıtmış bir *Poyraz* ise yelkensiz. Çünkü korkuyu *Uzak* kavramı doğurmuştur. Sonra *Uzak*, Terminus'un sınırlarına baş kaldırmış; kavramını bırakmış, paradoks olmuştur. Bilinmeyen *Uzak*, *Korku*'yu doğurur; korkulan, uzakta olunca ondan korkulmaz. *Poyraz*'ı tüm yelkenleri açık gezmek *Tutku*'nun ve *Cesaret*'in işidir; bunun *Akıl*'la çeliştiğini söylerler ama hiç inanmadım. Çünkü kelebekleri gördüm.

Sözcükleri gezdiren, onları gökte işleyen *Rüzgâr*'ı önceleri birden çok sandılar ve farklı adlar taktılar. Lodos, Poyraz, Karayel, Yıldız vb... Aslında bu adlar yalnızca *Şiir*'dir. İnsan bunu yine geçmişte bulacak. Her şeyi kendine göre adlandıran İnsan, *Rüzgâr*'ın kendi dışında adsız (çıplak) gezdiğini bilir ama kabullenmek istemez. Bu yüzden yeni bir şey görür görmez bir ad koyar; adlandırdığına sahip olduğunu sanır. Çünkü *Uzak*'tan ve tüm sözcüklerin uzak anlamlarından korkar. Sözcüklerin bir gün gerçek adlarıyla gelmesi *Şiir*'i insana tanıtacak. *Şiir* bu yüzden hep en eskidir ve en yenide bulunur. Eskiliği sözcüklerin yaşlarıyla anlaşılır, yeniliği rüzgârlarıyla.

Kullandığımız sözcüklerin neyi gösterdiğini (saf bir yürekle) binlerce yıldır bildiğimizi sanıyoruz. İyi ki böyle sanıyoruz da diller doğdu. Ya da dillerdir bizi böyle düşündüren. Ama bir başka düşünce; *Rüzgâr*'ın ve *Zaman*'ın dillerin dışında dolaştığı düşüncesi rahatlatır insanı. İşte asıl bu düşüncedir göğü insandan koruyan. *Ses*'in ve *Anlam*'ın birbirine benzememesi yalnızca bir görüntüdür bu açıdan bakınca. Bir mantık sonucu oluşan sağlam bir görüntü. Duvardan indirilebilecek bir resim gibi duran bir görüntü. *Rüzgâr*'ın görüntüsü ise sesidir. Bu yüzden *Zaman*'la hep bağıntılı olduğu halde zamansızlığı da çağrıştırabilir. *Rüzgâr*'ın uğultusuyla gözlerimizin kamaşması bundandır. Güneşe bakmış gibi oluruz.

Rüzgâr'ın sesinin en yüksek olduğu yere *Rüzgâr'ın Gözü* denir. Kara deliklerin ışığı yutması gibi *Rüzgâr'ın Gözü* sesleri yutar ve göğe fırlatır. Böylelikle göl durulur, sessiz kalır; kendini, yazılacak göksel metinlere hazırlar. Göğün, durgun sularda yansıması bunun kanıtıdır; *Zaman*'ın, *Ses*'in ve *Rüzgâr*'ın uyur gibi olduğu...

Rüzgâr Geri Getirirse

"Lütfen gidin bizim eve. Bir an önce toparlanın gidin. İki yıldır açılmadı. İçinde yaşanmayan ev çabuk ölür. Göreceksiniz, hem kitabınızı bitireceksiniz orada, hem dinleneceksiniz. Kendim için de istiyorum gitmenizi. Ben de oradaymış gibi olacağım. Hem, bahçedeki otların temizlenmesi gerekiyor. Ağaçlar, çiçekler ne oldu kim bilir. Hoş, evin ufak tefek onarımlarıyla, bahçeyle ilgilenmesi için hemen yakındaki köyden birine her ay para gönderiyorum; ama ne kadar gönülden ilgileniyor, belli değil. Bunu da anlamış oluruz. Size bahçeyle uğraşın demiyorum, ama siz orada olursanız bakıcı işini savsaklamaz. Geri döndüğünüzde bana anlatırsınız neler olup bittiğini.

Eşinizin sağlığına da katkısı olur inanın. Deniz iyot kokusunu, yakındaki tepeler ot kokusunu taşır bizim oraya. Hava ve her şey öylesine sürprizlidir ki, günün hangi saatinde ne olacak bilemezsiniz. Farklı bir hava akımı vardır orada. Rüzgâr yalnızca farklı yönlerden değil, sanki farklı zamanlardan da eser gibidir.

Bir öykünüzden anımsıyorum; seslerin hep geçmişten geldiğini yazmıştınız. Fiziksel bir gerçekliktir bu. Hoşuma gitmişti. Kokular, görüntüler de, her şey öyledir. Biz, durmadan yol alan bir aracın ön koltuğunda otururuz sanki ve zaman, nesneler, olaylar, ne varsa yüzümüze çarpar. Çarpar çarpmaz da geçmiş zaman olur; buna

"An" deriz. Aslında "Şimdi" hiç yok belki de. Geçmiş ve Gelecek var yalnızca. Bir de onları ayırdığını düşündüğümüz ama aslında onları birleştiren, düşünüldükçe daha da incelen bir çizgi var. Yani, şu iki harflik çizgi: "An". Bakın şimdi bile heyecanlanıyorum. Sizi orada düşünüyorum da ondan... Sizi bahçede, deniz kıyısında gezinirken, balkonda rakı içerken düşününce heyecanlanıyorum inanın. Ben içmiş gibi olacağım; öyle özledim ki orayı, bilemezsiniz...

Kendi evinizmiş gibi düşünün, ne isterseniz yapın. Benim ve eşimin giysileri vardır dolaplarda. Onları şöylece bir kenara doğru toplayın, ya da ne bileyim işte, kendi giysilerinize bir yer açın. Demek istediğim, otel gibi görmeyin, kendi evinizmiş gibi görün; yerleşin. Eşya sizinmiş gibi olsun ki onu hakkıyla kullanabilesiniz. Otel odalarındaki eşyalar ne kadar çabuk eskirler... Bu, çok sahipleri olduğundan değil, hiç sahipleri olmadığındandır. Kimse onları sahiplenmek istemez. Otelin sahibi bile... Evet, o bile sahip çıkmaz otelin eşyasına. Oysa eşyalar da, ev hayvanları gibi sahiplenilmek isterler. O zaman uzun yaşarlar. Oteller bu yüzden, eşyalarının sahipsizliği yüzünden hep buluşulan, uyunan, yemek yenen, sonuçta her zaman bırakılıp gidilen yerler olurlar. Evler ise..."

Burada duraladı yaşlı şair dostum. Derin bir soluk aldı. Önünde duran, doktorunun yasakladığı; ama yaşlılığa katlanabilmek için içmesi gerektiğini söylediği rakısına uzandı; uzun kadehi, sararmış beyaz bıyıklarının altında araladığı dudaklarına götürdü, incelikle ama iştahla bir yudum aldı. Hem bu yudumun, hem damağında kalan izin tadına vardığını, gözlerini mutlulukla yummasından anladım. Sonra derin bir soluk daha alıp sürdürdü konuşmasını:

"Evet, evler farklıdır. Onlar asla bırakılıp gidilemez. Ölünce bile... Ev hep arkanızdan gelir. Bir sokağa girersiniz karşınıza çıkar; bir misafirliğe gidersiniz, bir köşede onu görürsünüz. Oturmuş, sanki yıllardır sizi bekliyordur. Bir koku duyarsınız, onu anımsarsınız. Evlerimiz, çocukluğumuzdan beri bildiğimiz, tanıdığımız evlerimiz bizden hiç ayrılmazlar. Taşınırsınız, bazı eşyalarınızı yenilersiniz, ama ne olduğunu bilmediğiniz bir şey hep sizinledir. Sizinle birlikte gelir taşındığınız yere; yeni eşya aldıysanız bir süre sonra onun da içine, üstüne siner bir şekilde. Gittiğinizde evi benimsemeye çalışmanızı rica ediyorum sizden. O zaman orada bir ay bile kalsanız, bir haftacık bile kalsanız, biraz sizin de olur ev. Ancak, ondan sonra eşyalar size açılmaya başlar. İnanın bunu çok istiyorum sevgili kardeşim. Benim o uzak kıyıdaki yalnız evimin biraz da sizin olmasını istiyorum. Eskiden istemezdim bunu. Kıskanırdım çiçeklerimi, eşyamı, serçe balkonumu, hatta denizin, tepelerin penceremdeki görüntüsünü. Ama şu son birkaç yıldır istiyorum. Yine de herkes için değil, bilesiniz. Orada benim yaptıklarımı yapacak, yapabilecek, sevdiğim birisi için isteyebilirim. Adına müzik diyemediğim gürültülerle evimi dolduracak, şamatacı arkadaşlarının dağınıklığıyla eşyalarımın huzurunu kaçıracak birilerinin evimde kalmasını istemem emin olun."

Bizi o ana kadar sessizce ama yüzünde bir gülümsemeyle dinleyen eşi saygılı bir biçimde katıldı konuşmaya:

"Evet efendim, gerçekten bizim için de çok iyi olacak. Aklımız ne kadar zamandır oradaydı. İki yazdır gidemiyoruz diye üzülüyorduk. İnanın yalnızca birkaç kişiye önerdik bunu sizden önce. Kimi baharda, kimi kışın gittiler. Ben de kıskancımdır eşim gibi; çiçeklerime, eşyalarıma bir başkasının dokunmasını istemem, ama sizin için söz konusu değil bu. Sizin titiz insanlar olduğunuzu biliyoruz. Gönül rahatlığıyla gidin diyorum size. Mutfakta iki yıldır kalmış nohut, pirinç gibi şeyler var. Bozulmamışlardır ama, tatları değişmiştir. Kuşlara atarsınız. Aslında, yük olmazsa gelirken bir iki giysimizi getirebilirseniz çok sevinirim. Bir de ne için istiyorum gitmenizi biliyor musunuz? Bir tekir kedimiz vardı... İki yıldır ne oldu acaba, merak ediyorum. Yaşadığını biliyoruz da, sağlığı nasıl, iyi besleniyor mu, hasta olduğunda ona kim bakıyor, aklımız onda kalıyor. Bahçıvan belki biz üzülmeyelim diye bir şey söylemiyordur. Onu da görmüş olursunuz. Eminim, evi açtığınızda gelecektir. Bir başkasını görünce ne yapacak bakalım?"

Bu arada yaşlı şair dostum kadehini boşaltmıştı. Biraz daha rakı istedi eşinden, ama çatık kaşlarla karşılaştı.

"Sevgilim," dedi eşi, "bu ikinciydi. Bugünlük yeterli. Belki gece, yatmadan önce bir kadeh daha içebilirsin ama şimdi doğru değil biliyorsun."

"Lütfen," dedi yaşlı dostum. "Beni konuğumuzun yanında kırma. Bak, bu kadehi, onların evimize gidecek olmaları nedeniyle içmek istiyorum. Bana bunu çok görme. Gece içmem, olur biter."

Kadıncağız istemeyerek kalkıp rakı şişesini getirdi. İki parmak kadar koydu kadehe, üzerine bolca su ekledi. Şair, rahatlamış, arkasına yaslandı.

"Ben yaşlılığa katlanıyorum, o da bana," dedi, biraz sonra döneceğini söyleyerek yatak odasına doğru yürüyen eşini gösterip. Sonra, aklına birdenbire gelmiş gibi:

"Gelin yanıma, çabuk," dedi, eliyle yanındaki koltuğu gösterip. Şaşkınlıkla yanına gittim, oturdum. Kulağıma eğildi, eşinin duyamayacağı alçak bir sesle:

"Gittiğinizde göreceksiniz, ikinci katta, deniz tarafında bir çalışma odam var. Üç penceresi vardır o odanın. Biri deniz tarafına bakar, ikisi yan tarafa. Yarı denizi, yarı karayı gösteren pencereye dikkat edin. Her zaman olmaz, ama ara sıra o pencere sizi şaşırtacaktır. Çalıştıktan sonra bakın ama. Bir de yalnız olduğunuzda... Döndüğünüzde konuşuruz. Ah, unutmadan sorayım: Kâğıda ya da deftere elle yazanlardansınız değil mi? Şu doğrudan bilgisayara yazanlardan, ya da daktilocalardan değilsiniz bildiğim kadarıyla."

"Değilim," dedim. "Yazım pek güzel olmasa da her zaman kâğıda ve el yazısıyla yazmayı yeğledim. Bilgisayarı ancak temize çekerken kullanıyorum."

"İyi," dedi şair dostum. "Rüzgâr el yazısını sever. El yazısında, yazarken çekilen sıkıntıyı, verilen emeği, zamanın sözcükleri kullanmasını, göz nurunu görürsünüz. Korkmayın, sizden uzaklaşanların birçoğu size geri gelecektir. Geri gelmesi gerekenler..."

Anlamamış bakışlarıma karşı yalnızca gülümsedi yaşlı dostum.

"Döndüğünüzde konuşuruz bunları. O zaman beni anlayacaksınız," dedi, elimin üstüne buruşuk elleriyle küçük sevgi vuruşları yaparken. Sonra yine fısıltıyla:

"Bundan kimseye söz etmeyin," diye ekledi. Neden söz etmemem gerektiğini anlayamamıştım. Eve gidince eşime her şeyi anlattım.

Eşim, bunun hepimiz için iyi bir tatil olanağı olduğunu, bitirmek istediğim kitap için sakin bir yere gereksinim duyduğumu bildiğini; ama içinde bir huzursuzluk duyduğunu söyledi. O evin, böyle önemli bir insanın evi olmasının, evin her köşesinde önemli anlar yaşanmış olduğu düşüncesinin beni rahatsız edip etmediğini sordu.

"Evet, etkileyecek ama rahatsız etmeyecek. Belki böylesi daha iyi olacak. Kalabalık yerlerde de kendimizi yalnız hissettiğimiz olur kimi zaman; ama işe yaramaz yalnızlıklardır bunlar. Kısa sürer, bizi derinleştirmez. Oysa, çevremizde insanın olmadığı, ama insanın izlerinin bulunduğu yalnızlıklar bizi etkiler. O izleri sürer kendimizi buluruz. Bu da yazmayı kolaylaştırır... Yeni bir şeyler yazmaya çalıştığımızda bile en eski şeyleri yazarız, gibi bir sözü vardı bir düşünürün... Yüzümüze her çarpan arka koltuğa düşüyor." diye yanıtladım.

"Anlayamadım," dedi eşim. Ona, şair dostumun söylediklerini anlattım. Otomobilin ön koltuğunda yüzümüze vuran ve o anda geçmiş olan geleceği.

"Bir şeyin geçmişte kalmaması için yüzümüze hiç vurmaması gerekiyor o zaman," dedi eşim.

"Evet, geçmiş ve gelecek aynı anda varlar,"

Gülümsedi; "Ne zaman yola çıkıyoruz?" diye sordu.

"Kızımı da götürmek istiyorum." dedim. "Seninle evlendiğimizden bu yana onunla hiç ilgilenemedim. Annesiyle birlikte tatil yapıp yapmayacağını bilmiyorum ama umarım aynı döneme rastlamaz da birlikte olabiliriz."

"Sıkılmaz mı?" diye sordu eşim. "Biliyorsun çok hareketli bir yaşamı var."

"O da dinlenir, onun için de sessiz, sakin bir tatil olur. Belki birbirinizi daha iyi tanımanızı sağlar. Tersinin olma riski de var ama, onu çok özledim," dedim.

On iki saatlik bir yoldan sonra öğle olmadan gideceğimiz yere varmıştık. Yakındaki köyde, evle ve bahçeyle ilgilenen adamı bulduk. Güler yüzlü, yaşlıca, ufak tefek biriydi bu. Güneşin altında çapa sallamak, hayvan otlatmak ona tüm dünya köylülerinin ortak özelliğini kazandırmıştı. Çatlak, kirli tırnaklar; buruşuk, yarılmış eller; kırışık, yanık bir ten; rüzgârla karışmış saçlar; toprağa oturmaktan, ağaçlara, hayvanlara sürtünmekten yıpranmış üst baş...

"Geleceğinizi telefonla bildirdiler," dedi. "Haydi sizi eve götüreyim." Kapının dışında duran siyah lastik ayakkabıları ayağına geçirdi; yine kapının yanına dayadığı kalın bir ağaç dalından, büyük olasılıkla kendisinin yaptığı bastonu aldı, "Gelin peşimden," dedi.

"Durun biraz, arabayla gidelim," dedim. Az ötede duran, içinde eşimle kızımın beklediği otomobili göstererek.

"Yok, ben binmeyeyim," dedi. "Üstüm başım kirlidir; arabanı kirletirim sonra." Şaşırmıştım.

"Olmaz öyle şey," dedim. "Neden kirlenecekmiş, ne var ki üstünde?"

"Toz, toprak..."

"Kirlenmez, gel," dedim, koluna girip. Çekinerek arka koltuğa, kızımın yanına oturdu. Oturduktan sonra her ikisine de ayrı ayrı, merhaba, dedi. Onlar da güler yüzle yanıtladılar ihtiyarı. Birkaç yüz metre sonra yol bitti. Hafif bir yokuşun hemen hemen sonunda durmuştuk. Adam:

"Tamam," dedi, "Bundan sonra on adım yol var şiirin evine. Artık yürüyerek gideceğiz. Otomobil yolu bitti." Arabadan indik. Yolun bittiği yerde bir patika başlıyordu. İhtiyar bu dar yolda biraz ilerlemiş, yokuşun başında durmuştu. Bizi bekliyordu.

Hep birlikte adamın durduğu yere geldiğimizde önümüzde olağanüstü bir görüntü belirdi. Bulunduğumuz noktadan iki yüz metre kadar ötede, denize yakın, küçük, iki katlı, sarmaşıklar ve onbiray çiçekleri içinde bir ev duruyordu. Patika eve gelince üçe ayrılıyor, sola ayrılan yol deniz kıyısını izleyerek ileride adım adım yükselen kayalıklarda gözden kayboluyordu. Ortadaki yol doğrudan evin kapısına ulaşıyor, sağdaki ise denizden biraz uzaklaşarak ağaçlıklı tepelerde eriyordu. Denizin koyu mavisiyle, ileride pamuk öbekleri halindeki bulutlarla, sağ tarafta ormanlı tepelerle dünyanın en güzel köşelerinden biri olmalıydı burası. İhtiyar, başıyla gösterip:

"İşte şiirin evi," dedi. İkinci kez duyunca düzeltmek istedim. "Şairin demek istiyorsun."

"Yok," dedi, gülümseyerek. Üstüne basa basa; "Şiirin evi". Sonra bir şey söylememe izin vermeden:

"Şair Baba şiiri burada buluyormuş. O yüzden ben buraya şiirin evi diyorum." Utanır gibi oldum. Bu yaşlı köylüden böyle bir yanıt beklemiyordum.

"Haydi, eşyaları alalım da eli boş gitmeyelim." dedim.

Yanımıza çok bir şey almamıştık. Her birimizin birer orta boy çantası vardı arabada.

"Ağır bir şey varsa keçiyi getireyim," dedi yaşlı adam. "Neyi?" diye sordum.

"Keçiyi."

"Eşek yerine keçi mi kullanıyorsunuz burada?

"Şair Baba anlatmadı mı?"

"Hayır."

"Biz burada, kaya yollarında keçileri kullanırız. Keçiler, eşeklerden daha cambazdırlar. Eşekler daha ağır yükleri taşırlar ama, keçiler kadar güvenilir değillerdir bizim uçurumlu yollarda. Çok eşek yitirdik, ama bir keçi bile düşmedi uçuruma bugüne dek."

"Uçurum mu?" diye atıldı kızım. Bir macera kokusu almış gibiydi.

"Hem ne korkunç uçurumlar," dedi ihtiyar ciddi bir yüzle. "Bugüne dek dibine inenlerin geri gelmediği uçurumlar." Eliyle sağ tarafta, uzakta olmayan ama sisler içinde yükselen tepeleri göstererek:

"Buralar cennettir, ama her cennetin bir sınırı vardır. Bana haber vermeden o yollara girmeyin sakın."

Kızımı uyarmak istedim:

"Duydun bak, başına iş açma ne olur."

Güldü. "Merak etme," dedi. "Hiçbir uçuruma seni almadan gitmem." Sonra eşime göz kırptı.

Kızımın içten gelen, kimi zaman iğne gibi batan ama kötü bir amaçla söylenmemiş, onun tarafından yalnızca bir zekâ oyunu gibi görünen şakaları vardır. Onu iyi tanımayanlara itici gelebilecek bu davranışa eşimin kırılmasından ve birbirlerini iğnelemeye kalkarlarsa bu tatilin üçümüze de zehir olacağından korkuyordum. Ama belki bu, hepimizin birbirini daha iyi tanımasını sağlayacaktı. Üstünde durmamak, her şeyi oluruna bırakmak gerekiyordu. Benim yerime yaşlı adam yanıt verdi:

"Uçurumlarla şaka olmaz. Ne yalnız, ne babanla... Kıyısına yaklaşma evlat!"

Eve gelmiştik; kapı kilitli değildi. Yaşlı adam:

"Dün bizim hanım evi silip süpürdü; temiz çarşaflar serdi. Buzdolabına yemek de bıraktı, gelince uğraşmayın diye. Elektrik, dışarıdaki benzin motorundan geliyor. Depo da iyice dolu. Ben ara sıra gelir bakarım. Sen arabayı bizim evin oraya al, burada açıkta kalmasın; rüzgârla güneş onu yerler sonra." dedi.

Yaşlı adam, bize evi gösterip gerekli bilgileri verdikten sonra, birlikte evden çıktık. Kızım ve eşim evde kalmışlardı. Arabayı dediği yere bıraktım. Köyün çarşısından yiyecek bir şeyler alacaktım. Adam da benimle geliyordu. Kendini benden sorumlu hissettiği belliydi. Ben arabayı kilitlerken, o bahçesindeki ağıldan bir keçi çıkarmış, sırtına sağlı sollu iki küçük küfe bağlamıştı. Hayatımda ilk kez keçiye koşum vurulduğunu ve böyle bir işte kullanıldığını görüyordum. Keçi, bir at ya da eşek gibi sessizce yanımızda yürüyor, aldığımız yiyecek içecekleri sepetlere koydukça şöyle bir arkasını dönüp, sanki ne aldığımıza bakıyordu. Alışveriş bittikten sonra yaşlı adam evinin önünde benden ayrıldı. Keçinin yularını elime verdi.

"Eve gidince onu serbest bırak, buraya döner," dedi.

Benim için ilginç bir gün olmuştu. Daha yeni geldiğim bir yerde, yolu benden daha iyi bilen, ama peşimden uslu uslu gelen; üstelik benim taşıyabileceğimin iki katını hiç zorlanmadan taşıyan, benim yarım kadar, sevimli, sakallı, koca göbekli bir yaratıkla yürüyordum. Durum o kadar gerçeküstü geliyordu ki bana... Yaşamdan çıkıp, duvarda bir resim olmuştuk sanki. Bu olağanüstülükte keçi konuşmaya başlasaydı şaşırmayacaktım.

"Şiirin Evi"ne ulaştığımızda ellerinde yarı dolu bir su kovasıyla eşimle kızım bizi karşıladılar. İkisi de sevinç içindeydi. Keçiyi sevip okşamaya, onunla konuşmaya başladılar. Ben sepetleri boşaltırken keçi onların avuçlarına doldurdukları sudan içiyor, yüzlerine bakıp meleyerek konuşmalarına karşılık veriyor, önünde duran kovaya bakmıyordu bile.

Yuların ucunu sepetlerden birinin içine gevşekçe tutturup, haydi bakalım, dercesine kalçasına küçük bir tokat attım. Keçi –bana öyle geldiğine eminim– gülümseyerek yola düştü. Yol ayrımına geldiğinde duraladı. Sonra birden köy yoluna değil de, uçurumlara doğru giden dağ yoluna saptı, koşmaya başladı.

"Uçurum!" diye bağırdı eşim heyecanla. Kızım keçinin peşinden fırladı. O da koşuyordu. Kızıma seslendim:

"Dur, sakın gitme." Kızım durdu, "İyi ama kaybolacak," diye seslendi.

"Kaybolmaz, buranın hayvanı o. Ben sahibine söylerim, sen o tarafa gitme lütfen." dedim, sonra eşimin söylenmesine aldırmadan köye doğru koşmaya başladım.

Yaşlı adam söylediklerimi dinledikten sonra güldü:

"Keçiyi uçurumdan mı korumaya çalışıyorsun? Merak etme, biraz gezer, otlanır, döner," dedi.

Ağır ağır yürüyerek eve döndüm. Bizimkiler bahçeye üç sandalyeyle bir küçük masa çıkarmış, getirdiğim yoğurtla ayran yapmışlardı. Ayranlarımızı içerken:

"Sen keçiyi kurtarmak için koşarken resimlerde, filmlerde, yolculuklarda sarp kayaların üstünde heykel gibi duran keçileri düşündüm," dedi eşim.

"Evet, keçiyi uçurumdan korumak!.." hep birlikte gülüyorduk. Kızım, eşime:

"Babam, eminim yalnızca keçiyi değil, beni de, seni de düşünmüştür," dedi. Hatta belki şair amcanın daha önce uçurum kenarında geçirmiş olabileceği tehlikeleri bile gözünde canlandırmıştır." Sonra bana döndü:

"Sen keçiyi uçurumdan korurken, uçurumu da keçiden korursun. Belki her ikisini de kendinden koruman gerekir aslında," dedi. Kendinden derken, göğsüme dokunmuştu parmağıyla.

"Yeterince açık olmayan sözleri anlayamayacak kadar yorgunum," dedim, yüzüne sevgiyle bakarken.

"Bir cinayeti önlemek hem kurbanı, hem katili kurtarmaz mı?" diye sordu kızım alçak bir sesle.

"Uçurum edilgendir," dedim.

"Nereden biliyorsun?" diye yanıtladı hemen.

Ayranlarımızı bitirene kadar konuşmadık. O günümüz yerleşmeyle ve ertesi gün başlayacak belki de tekdüze denebilecek kadar düzenli olacağını sandığımız tatilimize hazırlanmakla geçti.

Geleli beş gün olmuştu; ben hâlâ bir satır yazamamıştım. Yarım kalmış öyküler, birkaç bitmemiş şiir, notlar halinde bir roman, hepsi, bahçede, çamın gölgesinde, çiçekler arasında kurulmuş bir masada başlanmayı bekliyordu. Bir birini, bir ötekini elime alıyor, hiçbirine yakınlaşamıyor, kendimi zorlayarak yazdığım satırlara sinirlenip, eşime ve kızıma katılıyordum.

Altıncı gün, bahçenin edebiyatı kaçırdığını, belki de yazıyı bu güzel çiçeklerin arasında değil, şair dostumun çalışma odasında bulabileceğimi düşündüm. Geldiğim ilk gün, bu küçük, kitaplarla dolu odada birkaç dakika durmuş, ama kentteki kendi odamın da böyle olduğunu düşünüp, kapalı bir yerde yazacaksam buraya neden geldim ki, diyerek kendimi bahçeye atmıştım. Bahçe, çiçeklerle kokularla, böceklerin, kuşların sesleriyle kıpır kıpırdı. Bir canlının içinde gibi oluyordu insan orada otururken. Görülmeyen kollarla sarılmış, sürekli okşanıyor gibiydim. Tüm duyu organlarım mutluydu, huzur içindeydim ve bir satır bile yazamıyordum.

Çalışma odası dışarıdan daha serindi. Bu hoşuma gitmişti. Gündüz, dışarının sıcağını eve almamak için pencereleri kapalı tutuyorduk. Ama çalışma odasındaki serinlik şaşırtıcıydı. Pencerelerin ahşap kepenkleri kapalıydı ve kepenklerin yatay tahta aralarından giren kırık ışıkla oda yarı aydınlıktı. Dikkatle bakınca, odanın yan camlarından birinin aralık olduğunu, içeri giren hafif rüzgârla tül perdenin kıpırdandığını fark ettim. Dışarısı bu kadar sıcakken içeri giren esintinin serin olmasına bir anlam verememiştim. Perdeyi bir kenara topladım, camı açıp kepengi tutan kancayı yuvasından çıkardım. Kepengi yavaşça iterek açtım. Manzara çok güzeldi. Daha önce neden bu odaya girip camları açmadığımı düşündüm. Gerçekten, serin bir rüzgâr esiyordu içeri.

Çalışma odasının büyüklüğü sekiz dokuz metrekare ancak vardı. Boyu üç metreden biraz uzun, eni iki buçuk metre kadardı. Kapı ile tek pencerenin olduğu kısa duvarlar karşı karşıyaydı. Kapıdan girince soldaki uzun duvarda iki pencere bulunuyordu. Sağdaki uzun duvar ise yatak odamıza bitişikti. Bu duvar, yerden tavana kadar, boydan boya kitaplıkla kaplıydı. Kapının karşısındaki duvarda denize bakan bir pencere vardı. Serinlik, sol duvardaki ikinci pencereden geliyordu. Pencereli iki duvarın birleştiği köşede duran çalışma masası eski bir karaağaçtan yapılmıştı. Birkaç yüzyıllık olmalıydı. Kalın, sağlam, görmüş geçirmiş bir eşyaydı. Masanın üstünde, geçen yazdan kalmış, üstüne eski yazıyla notlar alınmış, sararmış birkaç sayfa kâğıt, bir kurşunkalem, bir tükenmez kalem, birkaç çamaşır mandalı, armut büyüklüğünde, ters duran bir topaca benzeyen camdan bir kâğıt ağırlığı ve duvar dibinde bir sinek ölüsü vardı.

Masanın üstünde, duvarda, camlı bir çerçeve içinde bir minyatür duruyordu. Bu minyatür tanıdığım bir resimdi. Bir geçit resmini gösteriyordu. Bunun bu odaya neden asıldığını anlayamamıştım. Ne çevreye, ne şair dostuma, ne onun yazdıklarına, hiçbir şeye uymuyordu. Resimde bir yere takıldı gözüm, dikkatle bakınca... Geldiğimiz gün eşyalarımızı taşıyana benzer koşumlu bir keçi, sırtında bir maymun ile görünüyordu.

Kapının yanındaki duvarda, sevgili şair dostumun, köylü bahçıvanla çekilmiş bir fotoğrafı ve dostumla eşinin bir fotoğrafı asılıydı. Kitaplıktan bir kitap aldım; Şiirimizin büyük ustalarından birinindi bu. Dostuma imzalamıştı. Yoldaşım, diye başlayan ve savaşçı karakterinin el yazısından da sezildiği bu büyük şairimizin, benim sevgili yaşlı şairime yıllar önce yazdığı yazıda, nice savaşlarda omuz omuza oldukları, aralarındaki gönül bağı görülüyordu.

Heyecanlanmıştım. Kitapların çoğu imzalıydı. Yazın

tarihimizin köşe taşı olan birçok şair ve yazar, benim babacan yaşlı şairime kitaplarını saygı ve sevgiyle imzalayıp vermişlerdi. Genç yazarların yazılarında daha farklı bir saygı gözlemledim. Yaşlı şairimin hepsini ne kadar etkilediğini; bazılarını yakından tanıdığım bu şair ve yazarların ona kendilerini nasıl borçlu hissettiklerini gördüm. Dostuma karşı her zaman benzer duyguları taşıdığım için onları anlıyordum. Sandalyeyi kitaplığın yanına çektim. Üst raftan başlayarak, sırayla tüm kitapları birer birer karıştırdım. Doğru bir iş yapmadığımı biliyordum, ama çok etkilenmiştim. Kim olsa aynı şeyi yapardı diyerek bu suçluluk duygusunu üstümden atmaya çalıştım. Bir ülkenin edebiyatını oluşturan önemli yazarların ve şairlerin yaklaşık altmış yıllık bir dönem içinde bu büyük şaire imzalamış oldukları kitaplar bir hazineydi. Bu adam, benim şairim, bu evin sahibi, bahçıvanın Şair Babası, her okuduğum yazıyla, etli kanlı bir insanoğlu olmaktan çıkıyor, bir azize, daha da öte, azizleri barındıran bir tapınağa dönüşüyordu. Onun dostu olmanın, onun evinde bulunuyor olmanın ayrıcalığı büyük bir mutluluk duygusu getirirken, başkalarının onunla birkaç satırlık bir yazı ile kurdukları saygılı ilişkiye izinsizce girmenin verdiği suçluluk duygusu bir çatışma oluşturmaya başlamıştı içimde. Bu özel yazıları okumamam gerektiğini biliyor, ama kendimi durduramıyordum. Sonra, hem kendisinin, hem eşinin; evi kendimizinmiş gibi kullanmamızı bize ısrarla söylediklerini anımsayınca rahatladım. Birden aklıma, şair dostumun, eşi yanımızda değilken gizlice söyledikleri geldi. "Duvardaki yarı denizi, yarı karayı gören pencereye dikkat edin," demişti. Arkamı dönüp baktım; serinliğin geldiği pencereydi bu, ama dikkat çekici bir şey yoktu. Yeniden kitaplara döndüm.

Eşimle kızım, benim çalışmaya başladığımı düşündüklerinden olacak hiç seslenmemişlerdi. Bahçede ya da deniz kıyısında olmalıydılar. Hemen hemen üç saat boyunca kitapları elden geçirdim. Rastladıkça, yıllar önce okuduğum birçok kitabın sevdiğim bölümlerine de göz atıyordum. Okuyabileceğim bazı kitapları bir kenarda topladım. Tüm bu imzalı kitapların arasında iki tanesi dikkatimi çekmişti. Bunların yazarları benim de arkadaşlarımdı. Biri: "Uçurumlarınız bana cesaret verdi, teşekkür ederim." yazmıştı imzaladığı kitabına. Öteki ise kitabını: "Üstadım, bu kitabımı pencerenize borçluyum. Onun, bana daha birçok kitap yazdıracağını biliyorum. Size ne kadar teşekkür etsem azdır." diyerek imzalamıştı.

Yeniden pencereye kaldırdım başımı. Gün batmaya başlamıştı. Öbür pencerelerin kepenklerini de açtım. Oda, kırmızıya dönük bir akşam ışığıyla doldu. Ön pencereden denize doğru inmiş güneş görünüyordu. Kepenkleri kapadım, aşağı indim. Eşim ve kızım deniz kıyısında kayalara oturmuşlar, güneşin batışını izliyorlardı. Beni görünce kızım:

"Bu defa sormuyoruz, sen söyle." dedi.

"Başlıyor" dedim yalnızca.

Ertesi sabah erken kalktım. İkisi de uyuyordu. Çay suyunu ocağa koydum. Su ısınana kadar deniz kıyısına indim. Hava durgundu. Ufka doğru yoğun bir sis çökmüştü denizin üstüne. Deniz henüz kıpırdanmaya başlamamıştı. Biraz ileride bir balık sürüsü suyun yüzünü çırpıntılarla kapladı. Ben yaklaştıkça, kıyıdaki kayaların yarıklarına kaçışan yengeçlerin seslerini duydum. Köyden horoz sesleri geliyordu. Kayalardan birine oturup ayaklarımı suya sarkıttım. Ilıktı deniz. Meraklı karides yavruları ayaklarımı sardılar. Neredeyse hareketsizce yaklaşıyor, ayağımı kımıldattığımda güçlü kuyruk vuruşlarıyla geri kaçıyorlardı.

Çay suyu kaynamış olmalıydı. Eve döndüm. Çayımı alıp çalışma odasına çıktım. İçerisi serinceydi. Bu serinlik, evin tüm odalarındakinden farklıydı sanki. Okyanus adalarının bol iyotlu temiz havasını alır gibi oldum. Okaliptüs ormanlarını da anımsatan bir kokuydu bu. Deniz tarafındaki kepenkleri açtım; gözlerimin önüne uçsuz bucaksız bir deniz, uzakta çökmüş sis ve yükseldikçe mavileşen bir gökyüzü serildi. Ortadaki pencerenin kepengini açtım, sağ tarafta deniz, önünde yükselen kayalar, kayaların arkasında kaybolan keçiyolu ve ağaçsız toprak göründü. Üçüncü pencerenin kepengini de açtım; çorak topraktan sonra çalılıkları ve ormana doğru gitgide sıklaşan ağaçlarla toprağı gördüm. Kepenkleri açmadan önce odanın içinde kıpırtısızca duran temiz havanın hareket etmeye başladığını duyumsadım. Odaya girdiğimde bulduğum tazelik azalıyordu sanki. Garip bir hava akımı vardı burada. Hava, deniz yönündeki pencere ile yan duvarda arkadaki pencereden giriyor, ortadaki pencereden dışarı çıkıyordu.

Arkadaki pencereyi kapadım. Şimdi sadece deniz tarafındaki pencereden giriyor, yandaki pencereden çıkıyordu hava. Deniz penceresini de kapadım. Bu kez, deminki esintiye benzemeyen, esip esmediği belli bile olmayan tertemiz bir hava yavaşça odaya yayıldı.

Başımı camdan çıkarıp derin bir soluk aldım. Çok garip bir şey oldu. Pencereden görünen her şey, başımın camdan çıkmasıyla belirsizce geriye doğru sekmişti sanki. Başımın döndüğünü sandım bir an için, ama geri çekilirken görüntünün yerine oturduğunu fark ettim. Bir daha denedim; evet, başım pencerenin hizasını geçer geçmez dışarıda ne varsa birkaç metre geri kaçıyordu.

Başımı geri çektiğimde ise hepsi yerlerine dönüyorlardı. Benim hareket hızımla pencerenin dışının hareket hızı aynıydı. Pencerenin dışı, her molekülün, her atomun birbirine bağlandığı, birini oynatınca ötekilerin de aynı yönde hareket ettiği bir tiyatro sahnesi gibiydi. Odanın ortasına doğru geri çekildim, üç pencereye de baktım. Her şey olağan görünüyordu. Bir pencerenin bıraktığı yerden öbür pencere görüntüyü sürdürüyordu. Bir martı, deniz yönünden gelip tüm pencerelerden görünerek kayalıkların arkasında kayboldu. Öbür pencereleri açtım, başımı çıkarıp baktım. Her şey doğaldı, bildiğimiz dünyaydı. Bir tek ortadaki pencere, tüm olağan görüntüsüne karşın içine girilmesine izin vermeyen olağandışı bir dünyayı barındırıyordu. Peki, martı nasıl uçmuştu hiçbir şeyi kımıldatmadan? Bulutlara baktım. Bulutlar da doğal biçimde akıyorlardı. Ama başımı dışarı çıkardığımda, her şey, hep birden bulutlarla birlikte geriye kaçıyordu. Ürkmüş bir canlı gibi.

Yaşlı şairimin bana fısıldadıklarını anımsadım. "O pencereye dikkat et," demişti. "Bazen pencere seni şaşırtacaktır." Hemen eşimi ve kızımı uyandırmak istedim, ama dostum bundan kimseye söz etmemem gerektiğini söylemişti.

Masaya oturdum. Pencerenin dışında her şey normal görünüyordu. İçimden, bu olayı hemen kâğıda dökmek geldi.

Bu eve gelmemize neden olan şair dostumla ve eşiyle olan konuşmalarımı yazarak başladım öyküye. Buraya gelişimizi, yaşlı bahçıvanı, keçiyi, her şeyi yazıp tam pencerenin önünde, yazma isteğimin doğduğu ana gelince kaldım. Bu olağanüstü olayın ne olabileceğini düşünmeye başladım. Bir düş değildi. İçinde yaşıyordum. Bir düş olsaydı bile ben yazdıkça gerçek olacaktı. Bir gerçeklikti ama yalnızca doğal bir gerçeklik. Yazınsal bir niteliği yoktu. Yine ben yazdıkça bu niteliği kazanacaktı. Yani her şey kadar gerçek, her şey kadar düştü bu. Tek farkı, ilk kez yaşıyor olmamdı. Güneşin her günkü doğuşu, batışı, yağmur, kuşlar, gökkuşağı bile bundan daha ilginçti ama alışmıştım hepsine. Demek ki yazmam için gereken olağandışı bir başlangıç noktasıydı yalnızca. Bu beni rahatlattı ve kendimi olacaklara, yazacaklarıma bırakmaya karar verdim. Soğumuş çayımı bir dikişte bitirdim, sandalyemi masaya iyice yanaştırdım. Otomobilin ön koltuğundaymışım gibi duyumsadım kendimi ve yazmaya devam ettim.

Güneş iyice yükselmişti ve yazdığım kâğıdın üstüne ışığını tüm gücüyle gönderiyordu. Kâğıtların yanında ters duran cam topacı aldım. Oldukça ağırdı. Masanın üstünde döndürmeye çalıştım, ama birkaç dönüşten sonra devrildi. Dönerken masanın üstünde insanın içini coşturan ilginç ışık oyunları yapmıştı. Düştüğü yerde güneş ışığının odaklandığını, masanın üstüne küçücük ama sert bir ışık noktasının indiğini gördüm. Bir anda aklıma çocukluğumuzda yoğun güneş ışığında, kâğıdın üstünde büyüteç gezdirerek yaktığımız ateşler geldi. Topacı alıp masanın gölge olan tarafına koydum. Yazmak için kalemi elime aldım; ama kâğıdın üstünde bu kez başka ışık oyunları oldu. Sanki dışarıda bir şey, güneşle kâğıdın arasına hızlı bir tempoyla bir girip bir çıkıyordu. Başımı kaldırıp baktım, pencerenin dışında bunu yapabilecek hiçbir şey yoktu. Bir bulut kümesi, ağır ağır güneşi kapamaya hazırlanıyordu.

Gözlerimi kâğıda çevirdim, yine aynı şey olmaya başladı. Hızla başımı kaldırdım. Hayır, bir şey yoktu. Ama bu kez güneşin önü bulutlarla örtülmüştü. Bir an yanıldığımı sandım. Gözlerimi kâğıda indirdiğimde kâğıdın üstünde hızlı ışık gölge oyunları yine oldu. Olağandışı bir şeyler devam ediyordu ama anlayamıyordum.

Çocukken oynadığım bir oyunu anımsadım. Gözlerimi başka bir noktaya bakarken yakalamak isterdim aynada. Bu oyunun sonunda şaşkın bir yüz ifadesinden başka bir şey yakalayamayınca da gülmeye başlardım. Buna benzer bir oyun oynanıyordu şimdi. Dışarıda ne oluyorsa baktığım anda onu göremiyordum. Onu bakmadan görebilmenin yolunu bulmalıydım. Gözlerimi bulutlara diktim. Güneşin önündeki durumlarını belleğime kazımaya çalıştım. Sonra yazılarıma indirdim bakışlarımı. İki saniye bekledim, yeniden pencereden dışarı baktım. Evet, bulmuştum. Bulutların durumu tamamen değişmişti. Benim bakmadığım süre içinde bulutlar inanılmaz bir hızla akmışlardı. Pencerenin dışındaki Zaman, ben bakmadığım sürece hızlanıyordu. Biraz daha inceleyince, aslında Zamanın benim bilmediğim bir hızla aktığını, yalnızca ben bakınca bildiğimiz hıza indiğini anladım. Bu gerçek, beni penceredeki geri kaçışı fark etmemden daha çok etkilemişti. Ben yokken de böyle akıyordu Zaman, benden sonra da böyle akacaktı demek ki. Kendimi önce küçük, zavallı bir sinek gibi duyumsadım, sonra bu zavallılık duygusunu başka bir düşünceyle yenmeye çalıştım. Ben Zamanı yavaşlatıyordum; kendime uyduruyordum. Sonra yine umutsuzluğa kapıldım: Yavaşlatıyordum ama durduramıyordum ki...

Başımı çevirip gözlerimi yazılarıma indirdim. El yazımın aceleciliğini, harfleri nasıl bozduğumu, kâğıt üzerinde pek de güzel olmayan kargacık burgacık siyah çizgiler oluşturduğumu fark ettim. Bu arada dışarıda bulutların gitgide hızlandığını, günün bir aydınlanıp bir karardığını, günlerin, ayların, yılların inanılmaz bir hızla aktığını biliyordum. Hemen yan penceredeki güneş ise oldukça yükselmiş, odayı ışığa boğmuştu. Öğle olmalıydı (Ne gülünç bir söz!) Bir penceremde yıllar akıp giderken, bir penceremdeki ışıkla yazılar yazıyordum. Eşimin ve kızımın şimdiki zamanın penceresinde mayolarını giymiş, denize doğru yürüdüklerini gördüm. Öteki pencerenin zamanına göre çoktan ölmüş olmalıydılar, belki de henüz doğmamış...

Sayfalar hızla doluyordu. Yazdıklarımı izleyemez olmuştum. Ben hızlandıkça, her şeyin hızlı aktığı penceredeki zaman biraz daha yavaşlıyordu sanki. Kâğıdımın üstündeki belli belirsiz gölge oyununun yavaşlamasından anladım bunu. Aylardır yazamadığım her şey, düşüncemden bile geçmeden kalemin ucuna geliyor gibiydi. İlk kez yazının düşünceden hızlı olduğunu gördüm. Kutsal kitaplar da böyle mi yazılmıştı yoksa, diye geçti içimden. Bir araya gelmesi olanaksız sözcükler yan yana gelerek bilmediğim tümceleri oluşturuyorlardı, ben bunları düşünmeye ve anlamaya çalışırken yenileri geliyordu.

Kalemim durduğunda yazının bittiğini anladım. Onlarca sayfa birikmişti önümde. Sayfa numaraları bile yazmamıştım kâğıtlara. Yorulduğumu duyumsadım. Arkama yaslandım; gözlerimi kapadım. Sırtımın ağrısını hafifletmek için gerinirken önümde duran kâğıtların hışırtısıyla gözlerimi açtım. Kâğıtlar, rüzgârla birlikte açık pencereden dışarıya doğru hızla uçuyorlardı. Fırlayıp yakalamak istedim ama boşuna. Sayfalar, tüm görüntüyle birlikte birkaç metre geri sektiler. Çok şaşırmıştım. Kâğıtlar yavaş yavaş uçuşarak birbirlerinden ayrıldılar. Kimi gökyüzüne doğru yükseliyordu, kimi kayalıklara, kimi de denize doğru uzaklaşıyordu. İkinci katta olmasaydım, pencereden atlayıp peşlerinden koşabilirdim ama, bunun bir yararı olmayacağını biliyordum. İşin kötüsü gözümü bir an bile ayırmamam gerekiyordu; yoksa zaman hızlanarak onları iyice ulaşılamaz bir yere götürecekti.

Ellerim pencerenin pervazına dayalı öylece kalakalmıştım. Kâğıtlar artık neredeyse görülmez olmuşlardı. Yapacak bir şey yoktu. Yaşlı dostumun sözünü duyar gibi oldum yeniden. "Rüzgâr el yazısını sever. Korkmayın, sizden uzaklaşan geri gelecektir." demişti. Şair dostumun her söylediğinin bu ana kadar doğru çıkması beni biraz olsun rahatlatmıştı. Giden geri gelecekti demek ki. Kâğıtlar artık yok olduğuna göre, bakmayı sürdürmek gereksizdi. Masaya oturdum, kalemi elime aldım. Bu arada iki tükenmez kalemin bitmiş olduğunu gördüm. Gülümsedim. Geri gelsin ya da gelmesin; yazmam gerekenleri yazmıştım ya.

Bakışlarım yazı masasının ince siyah damarlarında bulanıklaştı. Gözlerim dalgın, yorgun ama mutlu, rahatlamış bir süre oturdum. Belki kâğıtlar geri gelir diye pencereyi açık bırakarak odadan çıktım. Kapıyı kapadım. Mayomu giydim, eşimle kızımın yanına indim. Kıyıda oturmuş konuşuyorlardı. Geldiğimi duymamışlardı. Kızım, eşime:

"Son üç yıl bana kimi zaman otuz yıl gibi geldi, babam ben küçükken bir resim çizmişti. Resimde iki pencere vardı. Birinde dağlar, ormanlar görünüyordu, ötekinde yalnızca bir ufuk çizgisi. Başka bir şey yoktu. Bana, herkesin aynı görüntüyü farklı gösteren birden çok penceresi vardır, demişti. Bu söz bana onsuz geçen zamana dayanma gücü verdi. Kimi zaman bir pencereden, kimi zaman ötekilerden bakmaya çalıştım. Bu tatile çıkarken sevinmiştim onunla birlikte olacağım diye. Üç yıldır ilk kez bu kadar uzun zaman bir arada olduk, ama yüzünü göremiyorum. O yine kâğıtlarının başında," diyordu.

Eşimin yanıtı kısaydı: "Benim yanımda mı olduğunu sanıyorsun, yanımdayken bile başka yerlerde sanki."

Sessizce birkaç adım geri çekilip yeni gelmiş gibi ayağımı yere sürttüm. "Buraya geldiniz de bana haber vermediniz öyle mi," diye şakadan çıkıştım.

Eşim: "Yazıyordun, evde ses yapmaktansa uzaklaşalım dedik" dedi, sonra her günkü soruyu yineledi:

"Nasıl?.. yazdın mı?.."

"Evet," dedim başımı sallayarak.

"Bize ne zaman okuyacaksın?" diye sordu kızım.

Gülümsedim, "Rüzgâr geri getirince," dedim. "Getirirse..."

Göl'ün görüldüğü ilk günün zamanı bilinemez. Çünkü *Göl*, bir bardak suyla gönderdiği haberin ardından, özlem duygusunu: dağ tepelerindeki karların görüntüsünde; hüznü: çatlamış toprakta; oluşum kavramını: bulutta; geleceğin hazırladığı bilinmezliği: aynasında; ışıkla suyun aynı özdekten yapıldığını: bir çocuğun avucunda bize göstererek, anlağımızda *Gölge*'yi oluşturur.

Gölge, ışığın eytişim sayesinde ulaştığı sonuçtur. Yani *Göl*, ne kadar ışıksa, o kadar (da) gölgedir. Bir metinde tamamen ışık, karşıt metinde ise tamamen gölge olabilir. *Epiphenomenon*'un varlığını *Gölge*'ye bakınca ayrımsadım. Işık bunu anlatamazdı...

Bende *Göl*'ü tanıyabilme yeteneğinin var olduğunu da *Gölge* sayesinde öğrendim.

Eski gezginler, yani şiirin dünyayı insan ağzında dolaştığı günlerin gezginleri, masalları, türküleri, zamana dayanan mektupları, gelecekten haberleri, her köyden ayrılırken kendilerine verilen peynir ekmeği ve peynirle ekmekteki bilgiyi –ki bu bilgiye kimi bilimsel bilgi, kimi heyecansal bilgi dedi– çıkınlarına sığdırır, sonunu bilmedikleri yollara bu ağır yüklerle çıkarlardı. Gölgeleri, gün ve gece boyunca yanlarında, uyuduklarında ise üstlerinde olurdu. Yani, gölgeleriyle aynı kişi olurlardı. Bu, *Epiphenomenon*'un varlığının biricik kanıtıdır. Üstlerindeki gölgeler bir süre sonra gezgini uyandırmadan, usulca çıkına girer, yeni bir köyde yeni masallara, yeni haberlere, bilgilere, kimi zaman da şiirlere dönüşürdü. Bu da *Epiphenomenon*'un var olmadığının bir kanıtıdır.

Göl'ün; yüzeyinin bir ayna olduğu zamanda doğurganlaştığını biliyoruz. Ama göreceğimiz metnin göksel mi, gölgesel mi olacağını önceden anlayamıyoruz. Belki anlamanın bir anlamı kalmadığını da söyleyebiliriz gölün aynasında kamaşan anlağımız yüzünden. Biz göksel olmasını istesek de, *Göl*'deki hareketin (aynalarda olması beklendiği gibi) belirsiz bir çizgiyle ve *Balık*'la başlayacağını; bilinmeyen renklerin doğacağını ve aynalardaki görüntülerin bizi taklit etmeyi bırakarak kendi hareketlerini bize kabul ettirebilecekleri olasılığını eski gezginlerin çıkınlarında buluyoruz.

Göl ve Gölge

Gecenin geç bir saatiydi. Beni neyin uyandırdığını bilmiyordum. Geçmişin görüntüleri mi, kötü düşler mi, yıllardır bitmek bilmeyen sırtımdaki ağrı mı...

Uyanmıştım; sanki sabaha dek bir daha uyuyamayacaktım. Doğrulup ışığı yaktım; yatağın karşısında duran gardırobun kapağındaki aynada kendimi gördüm. Pijamamın yakası kaymış, seyrelmiş saçlarım karışmıştı. Ağzım kurumuştu. Yataktan çıkıp mutfağa gittim; elim kendiliğinden üstünde balık resimleri olan mavi bardağa uzandı. Bardağa su koyarken mutfağın penceresine ilişti gözüm. Orada da kendimi gördüm. Suyu içerken gözümü penceredeki görüntümden ayırmadım. Onun beni taklit edip etmediğini izledim.

Bir süredir elimde eski bir kitap var. Satırların altını çizerek okuyorum. Kitabın kaçıncı sahibi olduğumu bilmiyorum. Ama son sahibi benmişim gibi geliyor. Çünkü benim ölümüme kadar bu kitap epeyce eskimiş, belki dağılmış olacak. Nereye gidersem onu da götürmek istiyorum üstelik. Evet, toprağa da...

Kitabın eskiliği yalnızca nesnesinin eskiliğinden değil, içindeki metinlerden de kaynaklanıyor. Üstelik, metinler kendilerinden de eski olan başka metinleri anlatıyor. Başka hiçbir kitapta olmadığı kadar çok katman görmenin verdiği bir mutlulukla kitabı elimden bırakamıyorum neredeyse.

Kitap basılalı yüz yıla yakın olmuş. İsa'dan binlerce yıl önceye ait söylenceleri anlatan eski metinleri ve bunların yorumlarını içeriyor. Yorumları yapanlar İsa sonrasındaki gezginler, tarihçiler. Böylelikle, okuduğum her tümcede bin yıllar içinde bir ileri bir geri gidip geliyorum. Bu gidiş gelişler anlığımda oluşuyor ama okuduklarımın ilginç bir şekilde duygularıma, bilinçaltıma işlediğini, bende yeni meraklar, korkular yarattığını duyumsuyorum. Hayır, söylencelerin doğaüstü, kimi zaman gülünç derecede uydurma olan yaratıkları değil beni korkutan. Eski gezginlerin düş gücüyle var ettikleri bu yaratıklara inanan hükümdarların, yüz binlerce insana acı çektiren kararları vermiş olmaları; o dönemin hükümdarlarının, bilginlerinin, sanatçılarının soyutlaştırılmış bir dünyada yaşamış olmaları gerçeği ve bu soyutluğun bugünün canavarlarıyla üstelik pek az bir değişiklikle hâlâ sürüyor olması korkutuyor beni.

Kendi kendime, bundan korkmamam gerektiğini söylüyorum; ama boşuna. Bilginin bilimsel olanıyla bilimdışı olanı bir arada çalışıyor anlağımda. Düşüncenin, yaratmanın bu ikisine birden gereksinimi olduğunu biliyorum. İşte beni korkutanlardan biri de bu. Hayır, bilimsel olmayan bilgiden değil, tersine bilimsel olan bilgiden korkmaya başladım. Tek başına insana yetmiyor. İnanmaya gereksinim duyduğumu da söylemiyorum. Bilimsel bilgi inancın üstesinden geliyor da düşü doyuramıyor. Çünkü bilimsel bilginin anasının düş ve korku olduğu gün gibi ortada. Korkularımızdan kurtulmak için bilimi geliştiriyoruz, yeni korkular da birlikte gelişiyor. İşte eski korkuları yeğlememin bir nedeni. Yeni korkularla baş edecek gücüm yok. Bu yüzden kendimi eski korkulara, yaşamadığından emin olduğum griffonlara, ejderlere, Bahamut'a inandırıyorum. Bugünün tanrılarına, korkularına kapılmaktan iyidir...

Mutfak penceresinde gördüğüm yansımamın beni izleyip izlemediğini anlamak için birkaç hareket yaptım. İzliyor. Hiç yanlışsız... Demek Aynalar Krallığı henüz zincirlerinden kurtulmadı. Işığı kapayıp yatak odasına doğru yürürken gölgemin önce arkamdan geldiğini, tam koridor ışığının altından geçerken küçüldüğünü, yatak odasına girerken uzayıp, odaya girdiğim anda kapıdan dışarı çıkmak üzere arkama geçtiğini izlemek hoşuma gidiyor. Bir Budist olsaydım, bu yaşamımda Nirvana'ya ulaşamayacağımı, gölgemden kurtulamayacağımı düşünerek mutsuz olabilirdim. Mutsuzluğun kendisi zaten bir gölge değil mi o düşüncede? İyi ki Budist değilim.

Nirvana'ya ulaşmayı ve gölgemden kurtulmayı değil ama, Aynalar Krallığının başkaldırışını görmeyi isterdim yaşamımda. Bir daha yaşamayacağımdan emin olduğum gibi, bu krallığın artık savaşım gücünü yitirdiğini düşünmeye başladım. Kitaptaki söylencelerin gerçekleşmesi ne güzel olurdu. Ama hepsi birden değil. Zaten kitap hem İskandinav hem Çin, hem İngiliz hem Türk, hem Arap söylencelerinden söz ediyor. Bir ulusa kendi söylencesi yeter. Kimse birkaç ulusun doğaüstü yaratıklarıyla aynı anda baş edemez. Bir korkum da bu işte. Önce Aynalar Krallığının isyanını görmek istiyorum, ardından ikizimi. Sonra Bahamut'u görmek için yola çıkarım.

Kitaba göre, bir zamanlar insanların dünyasıyla aynalar dünyası birbirleriyle ilişki içindeymişler. Üstelik bu iki dünyanın ne varlıkları, ne renkleri aynıymış. Aynalar, bu iki dünyanın birbirine geçtiği kapılarmış. Bir gece (işte yine geceden söz ediliyor, yaratının geceyle bağlı olduğunun bundan güzel bir kanıtı olabilir mi?) ayna halkı yeryüzünü kuşatmış. Sarı İmparator savaşı kazanmış, saldırganları dünyalarına gönderip aynaların kapılarını kapamış. Onları sanki bir düş içindeymişler gibi insanların hareketlerini taklit etmeyle görevlendirmiş. Kendi güçlerinden, biçimlerinden yoksun bırakıp köle yansımalar haline getirmiş. Ama bir gün tılsım bozulacakmış. Önce balık uyanacak, aynanın derinliklerinde bilinen hiçbir renge benzemeyen soluk bir çizgi olarak belirecek ve ardından tüm biçimler kımıldayacakmış. Yavaş yavaş görüntüleri bizden farklılaşmaya başlayacakmış. Bizi taklit etmeyi bırakıp aynaların kapısını açacak, dünyayı saracak, üstelik bu kez savaşı kazanacaklarmış.

Aynalar Krallığı ile baş edebilirim. Ama ikizimle karşılaştığımda neler olacağını bilmiyorum.

Yatağa girdim. Arkama bir yastık dayayıp, karşımdaki aynada kendimi izlemeye başladım. Ya bu gördüğüm benim yansımam değil de ikizimse? Ya Aynalar Krallığı çoktan harekete geçti de bunu bir süre belli etmemek için ikizleri kullanıyorlarsa? Kitaba göre Eski Mısır'da, *ka*'nın, yürüyüşünden elbisesine kadar bir insanın tıpatıp eşi olduğuna inanılıyormuş. Yalnızca insanların değil, tanrıların, hayvanların, taşların, ağaçların, her şeyin *ka*'sı varmış. Ya biz aynalarda zararsız yansımaları değil de *ka*'ları görüyorsak? Belki hemen telaşlanmamak gerekir bu olasılığa karşı. Çünkü her ne kadar kitapta İskoç inanışında bir insanın ikizini (kardeşi olmayan benzerini) görmesinin ölümle sonuçlanacağı yazıyorsa da, Yahudi inanışına göre insana ikizinin görünmesi, o kişinin kâhince güçler kazanacağının belirtisiymiş. Birden anımsadım: Bir Müslüman, bin yüz yıl kadar önce ene'l-hak demişti ikizini gördüğünü sanarak ve İskoçların inanışı doğru çıktı. İşte, dedim ya, bir ulusa ya da kişiye kendi söylenceleri, yaratıkları yeter. Fazlası yorucudur.

Yatakta kendime dikkatlice baktım. İkizim –ya da yansımam– yaptıklarımı hiç yanlışsız yapıyordu. Biraz şaşırtmak için ışığı kapayıp karanlığa girmekten başka çare yoktu. Elimi yavaş yavaş başucu lambamın düğmesine uzatırken aynadaki yansımama dikkatlice bakıyordum. O da gözlerini kırpmadan bana bakıyordu aynı dikkatle. Tehdit edercesine bir bakış attım. Aynı bakışla karşılık vererek, o da aynadaki düğmeye uzandı. Işığı kaparken, "Korkak!" dedim fısıltıyla. Yanıt verip vermediğini duyamadım, çünkü ağız hareketini görememiştim.

Dayandığım yastığı indirip başımın altına aldım. Yorganıma sarınırken gölgemin iyice küçülerek koynuma girdiğini biliyordum. Ben uyuduktan sonra ne yaparsa o yapacaktı. Düşümde Gölü gördüm. Kıyısındaki ağaçların yansımaları durgun suda hareketsizdi. Bulutlar hareketsizdi. Ağaçlardaki kuşlar da öyle. Göl, sesini; ses, dalgasını yitirmişti. Daha önce hiç görmediğim bir rengin gölün derin suyunda bir çizgi gibi belirmeye, gölün yüzeyine doğru balık pullarından yansıdığı belli olan *rastiya* rengi bir ışığın yayılmaya başladığını görüyordum. Bilmediğim bu rengin bilmediğim adını bana bildiğim dilde söyleten, gölgemdi.

Tanrıları dağlar, dağları kapılar korur. Tanrılara dağlardan, dağlara kapılardan girilir. O dağın eteğinde bir sedir ormanı vardı, *Humbaba*'nın koruduğu. *Humbaba* yalnızca bir şey için izin verirdi ormanından dal koparılmasına. Gözlerinde umudun ve umutsuzluğun, mutluluğun ve mutsuzluğun, varlığın ve yokluğun aynı anda görüldüğü bir yolcu ormanının kapısına gelmişse ve kendisinden tanrılara ulaşmak için yapacağı yolculukta sağlam bir asa istemişse... Çünkü *Humbaba* bu insandaki gül parmaklı gündoğumunu, ateş yüzlü günbatımını tanırdı. O zaman yolcunun elindeki babadan kalma sapı çatlak bastonu alır, onu ormanın en verimli toprağına saplar, kurumaya başlamış bir sedir ağacından kopardığı dalı kendisi biçimleyerek bir asa yapar ve yolcuya uzatırken biraz geri çekilirdi; bu insan ormanın kapısından geçsin, yolu açık olsun diye. Yolcunun tanrılara ulaşıp ulaşamayacağını, toprağa sapladığı eski bastonun bir süre sonra filiz verip vermemesinden anlardı *Humbaba*.

Ormanın, dağın, gökyüzünün kapıları kapalı ya da açık olmalarıyla değil, görünür ya da görünmez olmalarıyla vardırlar. Gündoğumlarının ve günbatımlarının gündüzlerden, gecelerden daha uzun sürdüğünü bilenler, tüm nesnelerin kapıları olduğunu söylerler; adları, yaşları, onları bekleyen ölümleri olduğu gibi...

Humbaba'nın kendisine verdiği asayı hep yanında taşıdığı halde, benim yıllar sonra bunu görebilmiş olmam üzerine, yaşlı bir şair yüzüme sevgiyle bakıp, tüm nesnelerin kapılarıyla birlikte yaratıldıklarını söylemişti; sonra bana kapıları görebilmek için önce nesnelerin aralarındaki boşluğu –nesneler ne kadar bitişik görünseler de aslında birbirlerine yaklaşmalarını bile engelleyen boşluğu– görüp göremediğimi sormuştu. Orada boşluk göremediğimi, nesneler arasında örülmüş ağlar gördüğümü söylemiştim. İkisinin aynı şey olduğunu, boşluk olmasaydı ağların örülmesinin zaten mümkün olmadığını anlattığında *Rüzgâr*'ı fark etmiştim. Çünkü gerili ağları boşlukta titreştiren oydu. "*Rüzgâr* ağları yırttığında nesneler ne birleşir; ne de dağılıp giderler, korkma!.." demişti şair dostum. "Yeni ağlar örülür hemen, yeni isimler gibi, yeni şiirler gibi..."

Yalnızca sedir ormanının değil, her nesnenin kapısında bir bekçi olduğunu, kapıları göremeyenlerin bekçileri de göremeyeceklerini, yol için zorunlu olan asaları ise yalnızca bekçilerin verdiğini anlatmıştı dostum bana. O zaman anlamıştım *Humbaba*'nın aslında kendisine bir asa vermediği için kaba kuvvetli *Gılgamış* tarafından öldürüldüğünü. Kapısını bulamayınca ormanın, tüm sedir ağaçlarını kesmiş, *Uruk*'a yalnızca odun götürebilmişti *Gılgamış*. Sonra *Maşu Dağı*'nın bekçisi *Akrep Adamlar*'dan izin almak zorunda kalmıştı on iki fersahlık karanlık tünelden geçmek için. Umudu yorulduğunda Rüzgâr ona tünelin sonunu müjdelemişti. Ama bir kez öldürmüştü *Humbaba*'yı, yok etmişti koca sedir ormanını. Nesnelere ve nesneler arasındaki boşluklara olan saygısızlığına tanrılar kızmıştı. Onca güçlükle elde ettiği otu elinden bir yılan alıp gitmişti; üstelik giderken gençleştiğini de görmüştü *Gılgamış* onun. Tanrılara ağlarken yolculuğu kendisi için değil, *Uruk*'un yaşlıları için yaptığını söylüyordu.

Migurlar

Kapıyı açtığımda dedem karşımda duruyordu; üstünde terden ıslanmış pijaması, elinde sapı çatlak bastonu.

"Gel beni giydir," dedi "gidiyoruz."

Eğilip koridordaki duvar saatine baktım, gecenin üçü.

"Hayırdır dede," dedim, "bu saatte ne var, rüya mı gördün?"

"Efendim?" dedi, elini kulağına götürüp. Kulaklığını takmamış. Bağırsam gece yarısı apartman ayağa kalkacak. Elimle içeri çağırdım. Dikkatle adım atarak eşikteki mermerden aştı, içeri girdi.

"Benim kapı açık kaldı," dedi yüksek sesle.

Elimi dudaklarıma götürüp, "sus," dedim. Salona gidip, oturmasını işaret ettim. Yarı anlamış yüzüme baktı. O, yavaş, dikkatli adımlarla koltuğa doğru yürürken ben de koşup yatak odasının kapısını kapadım, karım uyanmasın diye. Salona döndüğümde bir koltuğa oturmuş, terliklerini ayağından çıkarmış, bastonun sapını elinde çevirip duruyordu. Sokak kapısı aralık kalmıştı.

"Şu bastonu da bir tamir edemedin yahu," dedi kızgınlıkla. "Avucumun içini kıstırıp duruyor."

"Dede, yapıştırdım ya, sen ne yapıp edip yine çatlatıyorsun. Sana yeni bir baston alalım, bununla uğraşmanın gereği var mı," diye yanıtladım.

"Bu babamdan kalma, yenisini ne yapayım. Yeni bastonlar böyle sağlam olmaz evladım," dedi. "Eski ustalar olsaydı öyle bir yapıştırırlardı ki çatlağı bile belli olmazdı. Sen ne halt sürdüysen kat kat oldu, ondan ayrılıyor."

Bir şey söylemek gereksizdi. Bastonun asıl konu olmadığı ortadaydı.

"Dede," dedim "saat gecenin üçü, biliyor musun?

"Biliyorum," dedi çok doğal bir tavırla.

"Uyku mu tutmadı?"

"Uyudum, uyandım... Yine dedemi gördüm rüyamda."

"Sabahı bekleyemedin mi dede yahu, şurada dört beş saat kaldı. Sabah kahvaltıda rahat rahat anlatırsın."

"Vakit yok oğlum," dedi, kısık sesle, gözlerini iri iri açıp.

Eyvah, dedim içimden; yine ölüm korkusu tuttu. Sabahı bile bekleyemiyor.

"Dedeciğim, sakin ol, güzel güzel uyu, sabah işe gitmeden size uğrarım, birlikte kahvaltı ederiz, o zaman anlatırsın."

Birden aklıma geldi, sordum:

"Hem sen babaanneme duyurmadan nasıl çıktın evden?"

"Babaannenin kıçında pireler uçuyor. Sessizce kalkıp geldim."

Kapıya giderken, aralıktan apartman koridorunun ışığının sönmüş olduğunu gördüm. Dedemlerin bitişikteki kapısından koridora cılız bir ışık sızıyordu. Uzanıp baktım, babaannem evlerinin kapısında durmuş, ellerini beline koymuş, bizim kapıya doğru bakıyordu. Eliyle; sus, yine dellendi dercesine bir işaret yaptı; sonra, ben yatıyorum, sen onu getirirsin, diye fısıldadı olduğu yerden. Tamam anlamında bir işaretle karşılık verdim, kapıyı kapayıp dedemin yanına döndüm.

"Eee, söyle bakalım dedeciğim ne istiyorsun?" diye sordum. Biraz da meraklanmıştım.

"Oğlum," diye başladı söze, ciddiyetle. "Dedemi gördüm rüyamda. Bana git, Migurlardan intikamımızı al, dedi."

"Migurlar da kim dede?"

"Benim dedemi Rus'a gammazlayanlar, oğlum," dedi kaşlarını çatıp.

"Nereden çıktı bu dede, şimdiye kadar hiç söz etmemiştin bunlardan," diye şaşkınlığımı dile getirdim.

"Baban da, sen de unutuyorsunuz." diye tersledi. "Ailenizin tarihine beş paralık saygı göstermiyorsunuz. Kaç defa anlattım ya hikâyeyi!" diye sertleşti birden.

"Tamam dede, tamam. Kusura bakma, uyku sersemi hatırlayamadım demek ki. Sen şunu bir daha anlat da aklıma girsin," diye alttan aldım.

Güçlükle bacak bacak üstüne attı, bastonu yerden kaldırıp elinde şöyle bir tarttı, sonra üstüne basa basa:

"Evladım, bu Migur aşireti var ya Van'da... Babamın ebesi de bu aşirettendi. Dedem çatışmada tek kalınca babamın ebesinin evine saklanmış; evin delikanlıları kapı çalınca korkmuş, dedemi teslim etmişler Rus askerlerine."

"Dedeciğim, hani deden çatışmada atı ürküp koşmayınca esir düşmüştü, şimdi nereden çıktı bu Migurlar?"

Dedem bir an duraladı, düşünmeye başladı, bastonu elinde yine çevirdi, bastonun sapı elini kıstırınca yüzünü ekşitti; bak, senin yüzünden dercesine yüzüme baktı, sonra:

"Bu işin aslını öğreniriz," dedi. "Ebe Hanım'a sorarız."

"Kime?" dedim şaşkınlıkla.

"Ebe Hanım'a," dedi, "babamın ebesine..."

Baktım durum karışık. Ne diyeceğimi bilemez bir halde başımı kaşıdım; bir yanıt düşünüyordum. Dedem devam etti:

"Yarın seninle trene atlayıp Van'a gidelim, şu Migurları bulalım; ebenin evini öğrenelim. İşin aslını ona sormak daha doğru."

Şöyle bir hesap yaptım aklımdan. Dedemin dedesinin tutsak düşmesi 1909 yılına rastladığına göre, o sırada ebe kadın otuz yaşında olsa 1880 yıllarında doğmuş olmalı. Yani, yaşasa bugün yüzyirmi yaşında olacak.

"Dede, belki kadın ölmüştür," dedim.

"Yok oğlum," dedi "Niye ölsün. Migurlar çok uzun yaşarlarmış, babam söylemişti. Bir duaları varmış, doğarken çocuğun kulağına üfleyip duayı okurlarmış, çocuğun ömrü en az yüz yıl olurmuş."

"Baban neden yetmişinde öldü o zaman?" diye sordum, açığı yakalamış olmanın verdiği zevkle.

"O namussuz karı duayı okumamıştır da ondan. Kendi kanlarından olanlara okuyorlar galiba yalnızca."

"Amma yaptın be dede," dedim. "Bu Migurların hepsi yüz yaşını görüyor sanki."

"Kaç yüz, oğlum, yüz otuz, yüzkırk yıl yaşayanı varmış bunların."

"Sen hiç Migur gördün mü dede?" diye sordum.

"Görmedim, babamla annem anlatmışlardı," dedi dedem. Sohbetten hoşlandığı belliydi. Kulağında kulaklık olmadığından, bağırmamak için ona biraz yaklaşıyor, tane tane konuşuyordum. Dedemin düş gücü hoşuma gitmişti. Konuya ilgi duymaya, bakalım bu işi nereye götürecek diye meraklanmaya bile başlamıştım.

"Peki, tut ki bu kadın yaşıyor olsun. Evini de bulduk... Bize kendi çocuklarının ihanetini söyler mi sence?" dedim.

"Söyler," diye atıldı dedem. "Yalan söylemezlermiş bu Migurlar. Zaten o yüzden dedemi düşmana vermişler ya!"

"Olur mu dede!" dedim onu kışkırtmak için.

"Haydi bir çay koy da gel," demez mi! Al başına derdi. Kendin kaşındın oğlum, dedim içimden, mutfağa doğru yürürken. Çay suyunu ocağa koyup altını yaktım; salona döndüm. Dedem devam etti:

"Dedem onların doğruculuklarını unutmuş. Sanırım en yakındaki ev onların eviymiş; gitmiş oraya saklanmış. Ebe kadın dedemi dolaba sokmuş ama çocukları dedemin eve girip bir yere gizlendiğini görmüşler. Rus askerleri kapıyı çalıp sormuşlar, kaçan Türk subayı buraya mı saklandı, diye. Çocuklar da evet demişler. Askerler armut toplar gibi dedemi alıp götürmüşler. İşte yıllar sonra Sibirya'dan bir mektup gelmişti ya. Dedemin yolculuğu Sibirya'nın mezarlıklarından birinde bitmiş."

"Dede," dedim "Neden daha önce böyle anlatmadın bu esir düşme işini?"

"İki söylenti vardı oğlum, ben öncekine inanıyordum; ama gece dedem rüyama girip anlatınca bunun doğru olduğuna inandım."

"Sen dedeni hiç görmedin ki dede," dedim, "Nereden tanıdın onu?"

"Ne bileyim oğlum, dedem olduğunu anladım onun, nereden anladımsa."

İşleri biraz daha karıştırayım dedim:

"Belki başka biri girdi rüyana da seni kandırdı, olamaz mı?"

Düşünmeye başladı dedem.

"Olabilir yahu," dedi. "İşte bu yüzden gidip işin aslını ebe kadına soralım diyorum ya. Onlar yalan söylemez nasıl olsa."

Çay suyunun kaynama sesi geliyordu. Kalkıp mutfağa gittim; demliğe bir içimlik çay attım, biraz bekledim, renk verince bardaklara koyup salona döndüm. Dedem elimdeki çayların açıklığına baktı:

"Ne o bayat çayı mı koydun yoksa?" diye sordu.

"Olur mu dede," dedim. "Uykun kaçmasın diye açık çay yaptım."

"Ne uykusu oğlum, dedim ya, bilet alacaksın, Van'a gideceğiz. Uyumak yok!" Sonra birden hatırlamışçasına atıldı:

"Babamın kamçısıyla altın kemerini sana vermiştim. Ne yaptın onları, duruyor mu?"

"Arkandaki duvarda duruyor ya dede," dedim.

Dönüp arkasına baktı.

"Bunları iyi sakla," dedi "Değerini bil."

"Peki dede," dedim, "Tut ki kadın sana, evet benim oğullarım verdi dedeni düşmana dedi; ne yapacağız o zaman?" diye sordum, konuya dönmek için.

"Biz de onların dedelerini öldüreceğiz," dedi dedem.

Kendimi tutamayıp kahkahayı patlattım.

"Gülme," diye sinirlendi dedem. "Kısasa kısas!"

"Dede, öldürmek istediğin kadının dedesi mi, çocukların dedesi mi?"

"Çocukların dedesi tabi. Gammazlayan onlar."

"İyi ama o zaman sen babanın kuşağının öcünü almış oluyorsun."

Dedemin biraz aklı karışmıştı. Yüzüme baktı, benden açıklama bekliyordu. Devam ettim:

"Bak dedeciğim," dedim, "Senin dedenle ebe kadın aynı kuşaktan değil mi?"

"Evet" dedi dedem.

"O halde sen, dedenin öcünü alayım derken, babanın kuşağından olan ebe kadının çocuklarının dedesini öldürünce, babanın öcünü almış olursun, dedeninkini değil."

Dedem derin düşüncelere daldı. Kaşı gözü oynamaya akıldan hesaplar yapmaya başlamıştı.

"Bana bir kâğıt kalem ver," dedi.

Kıs kıs gülerek içeriden kâğıt kalem getirdim. Dedem eski yazıyla çeşitli hesaplar yaptı, işin içinden çıkamıyordu. İşi biraz daha karıştırmak için:

"Hem sonra öç almak isteyen sensin; senin baban ya da deden değil. O halde sen şu anda yaşayan senin kuşağından bir Migur'un dedesini öldürürsen kendi öcünü almış olabilirsin ancak." dedim. Kafası işice karışmıştı. Sıkıntıyla kalktı:

"Tuvalete gideceğim," dedi. Birkaç dakika sonra geri döndüğünde:

"Şu sizin içerideki gardırobu mu vereceksin bana?" diye sordu. "Evet dedeciğim, bize yeni bir tane gelecek ya, o artık fazla," dedim.

"Evladım, ne yapacak seksen yaşındaki adam yeni gardırobu. Bendeki beni daha yirmi yıl idare eder," dedi. Koltuğuna oturduğu zaman hesap yaptığı kâğıdı yine eline aldı. Haline acıdım, onu rahatlatmak için:

"Dede boş ver yahu, kaç yıl önceki olayın öcünü alacaksın da ne olacak. Hem bize öç almak yakışır mı," dedim. Bu sözlerimi duymazdan geldi.

"Peki sence kimi vurmamız gerekiyor?" diye sordu.

"Aslında pek fark etmez," dedim. "Kan davası başlatacaksan hangisini vursan olur; ama bence buna hiç gerek yok dedeciğim."

"Neden o, yanlarına mı bırakacağız?" diye çıkıştı dedem kızgınlıkla.

"Valla dede ben uğraşamam bu işle," dedim. "Van

şuracık işte. Otobüse atlasan bir günde gidersin, trenle iki günde. Bir Migur vurur gelirsin."

"Anlaştık," dedi dedem. "Bana, sabah olunca hemen bir otobüs bileti al."

"Gidiş dönüş mü olsun?" diye sordum, sormamla da utançla yüzümün kızarması bir oldu. Dedem umursamadı bile.

"Yalnızca gidiş olsun. İşi beceremezsem dönüş bileti ziyan olmasın," dedi. "Becerirsem ben kendim ayarlarım dönüşü."

İçim burkuldu. Yaptığım şakalarla ne kadar acımasız davrandığımı fark ederek ne söyleyeceğimi bilemez bir halde, boşalmış çay bardaklarını alıp mutfağa gittim, iki açık çay daha koyup geri döndüm. Dedem rahat bir halde oturuyordu. Çaylarımızı yudumlarken:

"Ne o evlat," dedi, "Sen bu fikrimi pek beğenmedin."

"Beğenmedim dede," dedim. "Rüyanı anlattın iyi hoş da, bu Van'a gitme işini de, öç alma işini de hiç beğenmedim. Üstelik silahın bile yok."

Güldü.

"Oğlum, ben aslında ebe kadından öç almak filan istemiyorum. Sen benim derdimi anlamadın," dedi.

"Anlamadım," dedim. "Sen ha bire karar değiştiriyorsun galiba."

"Ebe kadına gidip soracağım, dedemi senin oğulların mı öldürdü diye. Evet derse, o zaman ben de sizden birini öldüreceğim, diyeceğim. O korkup bizi bağışla diye yalvaracak. O zaman ondan duayı bir kâğıda yazmasını isteyeceğim."

"Hangi duayı?"

"Demin söyledim ya. Çocuk doğarken kulağına üfledikleri uzun ömürlü olma duasını. Mecbur olup yazacak. Hem benim işime yarar, hem sizin."

Dedeme artık bir yanıt veremedim tabi. O geceden sonra birkaç kez daha Van'a gitmek istediğini bana da babama da söyledi; ama ciddiye almadık. Toprak çeker derler ya...

Ama düşünüyorum da; dedem Van'a gitseydi ömrü uzar mıydı acaba?

Çocuklar neden saklar yüzlerini ellerinin arkasına, neden birden açarlar ellerini gülerek? Dünyaya ilk kez görür gibi bakar neden çok yaşlılar? Neden gizli olan açılmak istenir, açık olan neden gizlenir? Duanın neden iyisi vardır? Neden kötüsü vardır? Anılar neden sislerin arkasında kalır da ara sıra bir şimşek çakar beleğimizde? Elli yıl önceki bedenimizi neden anımsayamayız fotoğraflar olmasa? Neden korkulur? Neden korkulur? Nesneler nerden alır gücü, sözcükler neden?

Yıkanırken çocukluk ayaklarımın görüntüsü geldi gözlerimin önüne. Suyun her yıkanışta ayaklarımı biraz daha değiştirdiğini anladım o zaman. Bu suyun kırk yıl önce bir akşamüstü beni yıkayan o su olduğunu, dönüp bana gelince ayaklarımın o günkü görüntüsünü geri getirdiğini de anladım. Aynı suda iki kez yıkandım böylelikle. Çocukluğumun suyunda. Korkumun, umudumun, heyecanımın suyunda...

Yüzümü merak ettim, o günkü yüzümü. Aynada, camda gördüğüm, kimsenin görmediği yüzümü. O günkü kendime bakışımı merak ettim. Ama su gitmişti, çocuk ayaklarımı da götürerek, kimsenin görmediği ayaklarımı...

İki suyun arasındaki zaman aralığı düşündurdü beni. Zamanın göreceliğini biliyoruz. Takvimi ve saati can simidi olarak kullandı insan kendini yitirdiği sonsuzluğunda zamanın. Bugün can simitli milyonlarca ölü, o denizin üstünde yüzüyor, her an yeni katılanlarla birlikte.

Zaman aralıkları nota aralıklarına benzer sanırım, ya da

çiçek yapraklarının birbirinden uzaklıklarına, belki de çöl kumlarının birbirine yakınlıklarına. *Alfred Einstein*, "*Mozart*'ın 2. ve 3. keman konçertoları arasındaki yalnızca üç aylık sürede bestecide neler değişti ki bu konçertolar birbirinden bu kadar farklı yazıldı, bilmiyoruz. Bu mucizevi bir değişimdir," der.

Zaman aralıklarını düşünürken sayıları anımsadım; "13" geldi aklıma. Bana 13'ün uğursuz olduğunu kim söylemişti ilk kez? Neden söylemişti? *İsa*'nın son akşam yemeğinden, *İskender*'den kim söz etmişti? Uğursuzluğun hesabını kim verecek? Sonra din kitapları okumuştum, tarih kitapları, bilim kitapları. Bir kitapta yaklaşık olarak şunlar yazılıydı:

Musa, *Tur Dağı*'nın kapısını geçtiğinde dağda bir ateş gördü. Çalılar yanıyor ama bitmiyorlardı. Çalıların içinden *Tanrı* ona seslendi, görevler verdi. *Musa* kuşkuya düşünce, *Tanrı* ona asasını yere bırakmasını söyledi. Asa yılana dönüştü toprağa değer değmez. Aynı asayla *Musa, Kızıldeniz*'i yardı, toprakta su buldu. Asa toprağa dikilince meyve ağacı oldu. (Çünkü nesne, gücünü *Tanrı*'dan almıştı.) *Musa*'ya *Kelimullah* dediler sonraları; sözlerin söylendiği insan anlamında. (Çünkü sözcükler güçlerini *Tanrı*'dan almışlardı.)

Gücün birden çok tanrıda olduğu bir eski zamanda, kılıcını kullanarak insanlar arasında en güçlü olmayı başardı *İskender*. Ama yetinmedi bununla, tanrıların yanında ölümsüzlüğe heves etti.

İskender'in başkentinde 12 tanrı heykeli vardı, 12 ayı simgeleyen. Kendi heykelini de dikti onların yanına, aynı boyda. Tanrılar bu heykelin kalıcı olmasını istemediler. Ve *Yunan*'dan *Çin*'e birçok ülkede bir yılın 13 *mutlak ay*'dan oluştuğu bilindiği halde, takvimi 12 ayda tuttular, *İskender*'in tanrılığını engellemek için ve insanoğluna bir işaret olsun diye onu Haziranın 13. günü öldürdüler 33 yaşında.

13, *İskender*'in yazgısıydı. Ama görece bir zaman sonra,

İskender 13'ün yazgısı oldu. İskambil kâğıtlarının 13. sırasında *Sinek Papazı* olarak yaşamını sürdürüyor aramızda. Gücü olmayan bir gölge gibi; uğursuzluğun kendisine tutsak olmuş...

Filmler

Uzun zamandır görüşemediğimiz; ama ara sıra telefonla hal hatır sorduğumuz çocukluk arkadaşım Hakan'ın telefonu beni mutlu eden, heyecanlandıran bir sürpriz taşıyordu.

"Gelecek hafta sonu Ankara'ya bize bekliyorum; biliyorum, senin için güç olacak ama herkesi ayarladım. Tüm cumartesi pazarı birlikte geçireceğiz, eski günleri anacağız."

Hakan, Tacar, Barbaros, Mehmet ve Kemal. Tam on yıl, yaz tatillerindeki ayrılışlarımızın dışında her günümüzde birlikte olduğumuz, çocukluktan gençliğe geçişimizin heyecanını birlikte tattığımız, kavgalar, maçlar yaptığımız, çocuksu sırlarımızı paylaşıp, küçücük dünyamızda geleceğe ilişkin büyük hayaller kurduğumuz sevgili arkadaşlarımla buluşmak, yeniden hep birlikte olmak düşüncesi beni çok sevindirmişti. Ne yapıp etmiş, o hafta sonuna ayırdığım tüm işlerimi yok sayıp trene atlamıştım. Uzun zamandır binmediğim Ankara-İstanbul treni oldukça değişmişti. Bu trende yıllar önce kurduğum dostlukları, edindiğim sevgilileri anımsayarak Eskişehir'e ulaşmış, tren istasyonundaki; o, sadece adı kalmış kayış gibi afyonlu çörekle kötü ayranı, geçmişe özlem duygularıyla biraz tadıp bıraktıktan sonra uykuya dalmıştım.

Sabah, beni erken saatte karşısında gören annem ne diyeceğini şaşırmış:

"Neden geleceğini haber vermedin? Sana çerkeztavuğu ile barbunya pilaki pişirirdim," demiş, iki gün kalacağımı söyleyince sevinmişti:

"O zaman yarına hazırlarım."

Öğleyin Hakan arayarak yeni evlerine nasıl gideceğimi anlattı. Eski dostların kucaklaşması heyecan vericiydi. Barbaros'la ben başka kentlerden geldiğimiz için ötekileri çoktandır görememiştik. Birbirimizdeki değişikliklere bakıyor, seyrelmiş saçlarımızla, büyümüş göbeklerimizle dalga geçiyorduk. Davranışlarımız eski günlerdeki gibiydi. Çocukluk günlerimizdeki insanlar olmuştuk. Kaldığımız yerden devam ediyorduk sanki.

Hakan'ın eşi güzel yemekler hazırlamış, bizi yalnız bırakmak için çocukları alıp annesine gitmişti. Neşe içinde, şakalaşarak, hiç susmadan yemeğimizi yedik, kahvemizi içtik, sonra, çocukken yaptığımız gibi, halıya oturarak, uzanarak konuşmamızı, hasret gidermemizi sürdürdük.

Akşam yemeğinden sonra Hakan bir başka sürpriz hazırlamıştı. Çocukluğumuzdan anımsadığımız sekiz milimetrelik küçük film göstericisini çıkardı, masaya koydu. Tacar:

"Ne o, yeni miki filmi mi var," diye atıldı heyecanla.

"Miki filmleri sonra," dedi Hakan, "Size daha ilginç bir şey göstereceğim."

Makine çalışmaya başladığında hepimiz çok şaşırmıştık. Film renkli ama sessizdi. Bizi hayvanat bahçesinde gezerken gösteriyordu. Sekiz, on yaşlarındaydık. İzlerken hem duygulanmıştık hem de hareketlerimize gülüyorduk. Ben de kendimi görmeye çalışıyordum ama henüz görememiştim. Filmi Hakan'ın babası çektiği için genellikle Hakan ve o sırada onun yanında bulunanlar görünüyordu. Tam: "Bensiz mi gitmiştiniz o gün?" diyecektim ki, yüzüm bir görünüp kayboldu perdede. Filmin sonuna kadar üç kez, belki ancak birer saniye süren görüntülerde, bundan otuz beş yıl kadar önceki halimi yakalamaya çalıştım.

Filmin yaklaşık son on saniyesinde bir fayton görünüyordu. Beş arkadaşım da faytona binmişlerdi. Kameraya doğru bakıyorlar; ellerini, kollarını, koş koş dercesine sallıyorlardı. Birden perdenin solundan görüntüye ben girdim, faytona doğru koştum; bir iki adım kala ayağım burkuldu, öteki ayağımla sekerek faytonun ilk basamağına adımımı attım. Tam o sırada film bitti.

"Yahu," dedim, "Ne şans benimki. Hepinizin yüzü ne güzel çıkmış. Mimiklerinizi, hareketlerinizi görebiliyoruz. Benim ancak bir iki karede, hayal gibi geçiyor yüzüm. Filmin sonunda da enseden görünüyorum, onda da kısmete bakın ki, ayağım burkulmuş."

Çok gülmüşlerdi arkadaşlarım. Bu arada Mehmet:

"Sen de kendini görmek için bizim gözlerimize bak. Gözlerimizin bebeklerindeki yansımalarda kendini bulabilirsin," demişti.

Bu sözün üzerinde durmamış, bir espri olarak almıştım. Ama filmi daha sonraki izleyişlerimde, arkadaşlarımın hayvanat bahçesinde dolaşırken yalnızca hayvanlara değil, perdede görünmeyen birine daha bakıp, onunla konuştuklarını fark ettim. Film karesinde görünmüyordum, ama orada olduğum belli oluyordu. Üç kez daha izledik filmi. Üçünde de hem ileriye hem geriye doğru. Sonuncusunda Hakan makineyi yavaş dönüşe almıştı. Yine de yüzümü net olarak görememiştim. Yalnızca, arkadaşlarımın bakışlarında kimi zaman bir alay, kimi zaman kızgınlık sezer gibi olmuştum, görünmeyen kişiye doğru. Yürürken, koşarken bedenimin hareketini, hareketlerimin hızını, mimiklerimi, elimin, kolumun salınımını, başımı çevirişimi merak ediyordum. Bugünkü gözümle çocukluğumu görmeyi çok istiyordum. Hakan'a, filmin kopyasının yapılıp yapılamayacağını sordum. Yapabilecek bir arkadaşı varmış.

O hafta sonu çok güzel geçti. Yalnızca arkadaşlarımla değil, annemle, babamla da birlikte oldum. Çerkeztavuğunu, bol şekerli barbunya pilakiyi afiyetle yedim; pazar gecesi de trene atlayıp İstanbul'a döndüm.

Bir ay kadar sonra, kargoyla bir paket geldi. O hafta sonu çekilmiş fotoğrafların yanı sıra, izlediğimiz filmin bir kopyası da çıktı paketten. Ben, bir video kopya göndereceğini bekliyordum, ama yanlış bir anlama nedeniyle Hakan, filmin, sekiz milimetre film kopyasını göndermişti. Bunu izleyebileceğim eski bir makinem yoktu. Hakan'a da bir şey söyleyemezdim. Filmi bir kenara koydum.

Aradan bir ay kadar geçmişti sanırım. Bir pazar günü, Kadıköy'de bir eskicinin sehpasında bir film makinesine rastladım. Sovyet yapımı, kaba görünümlü, eski bir makineydi. Eskici, makinenin çalışır durumda olduğunu söyledi. Üstelik yanındaki filmlerle birlikte verecekti. İstediği fiyat oldukça uygundu. Yine de pazarlık edince istediğinin yarısına satmaya razı oldu. Makineyi büyük bir naylon torbaya koyarken, sehpada duran filmleri de yanındaki arkadaşı bir gazete kâğıdına sarıyordu. Filmlerin çizgi film ya da kısa, eski, sessiz filmlerden olabileceğini düşünmüştüm.

Eve geldiğimde makinenin ve filmlerin dikkatlice tozunu aldım, makineyi fişe taktım. Eskicinin dediği doğruydu. Makine, kendinden beklenmeyen bir gürültüyle, çok parlak olmayan bir ışıkla çalışmaya başladı. Durdurdum, satın aldığım filmlerden birini taktım, izlemeye başladım.

Yalnızca bu film değil, aldığım yirmi üç filmin tümü de aynı aileye aitti. Bunlar, profesyonel amaçla hazırlanmış filmler değillerdi. Genç bir baba, genç bir anne ve bir bebek vardı filmlerde. İzlerken bir sıkıntı kapladı içimi. Bunun yanı sıra, tanımadığım bir ailenin yaşamına girmekten doğan bir çeşit tedirginlik de duyumsuyordum. Tüm filmlerde aynı üç kişi hep vardı. Ara sıra başka bir dost, bir aile büyüğü de görünüyordu. Belli ki, kamerayı bir anne alıyordu eline, bir baba. Kimi zaman da, bir yere sabitleyip, ikisi birden karşısına geçiyorlardı kameranın; tabii, bebekleriyle birlikte.

Filmleri bırakıp kendi çocukluk filmimi taktım makineye. Bir kez daha izledim. Arkadaşlarımın çocukluk tavırlarıyla büyüdüklerindeki tavırları aynıydı. İnsanın çocukluğu, büyüklüğü için ipuçları da verebiliyordu demek ki. Mehmet'in söyledikleri geldi aklıma. Onların gözlerindeki yansımalarda kendimi görebileceğimi söylemişti. Ama yorulmuştum; filme bakmayı bıraktım.

Birkaç gün, filmler ve makine masanın üzerinde öylece durdu. Ara sıra aklıma geliyordu. Bir ana baba, yeni doğmuş çocuklarının bu kadar sıklıkla filmlerini çekip, sonra neden bir eskiciye satsınlardı? Acaba onlara bir şey olmuştu da, aileden birisi mi bu filmleri elden çıkarmıştı? Ama, hayır. Kimse yakınlarının anılarını eskiciye satmak istemezdi. Bebeğin henüz bir yaşında bile olmadığını biliyordum. Anımsadığım kadarıyla yirmi üç filmin hiç birinde bir doğum günü kutlaması görünmüyordu. Filmler aklımı iyice kurcalar olmuştu. Hem bir kez daha izlemek istiyor; hem de, filmlerin daha ilk izleyişimde bile içime verdiği sıkıntıyı bir daha duymak istemiyordum.

Bu düşüncelerin arasında, filmlerden biri elimdeyken, bir şey dikkatimi çekti. Siyah, plastik makaranın üzerinde, kurşun kalemle yazılmış, bu yüzden güçlükle seçilebilen bir numara görünüyordu. Makaraları birden yirmi üçe kadar bu numaralara göre sıraya koydum. İlginç olan, on üçüncü filmin üzerinde numara olmamasıydı. Filmleri numaralayan (anne ya da baba) uğursuzluk getirdiğine inanılan on üç rakamını filme yazmamışlardı. Sonunda filmleri yeniden izleme isteği ağır bastı, perdeyi çekip, filmleri birbiri ardınca takmaya başladım makineye.

İlk film daha çok anne ile bebeği gösteriyordu. Anne çoğu zaman yataktaydı. Bebeğe meme verirken, altını temizlerken, su içirirken, göğsünde yatırırken görünüyorlardı. Annenin gözlerinde derin bir mutluluk vardı. Filmde kısa bir süre, on beş saniye kadar da bebek babanın kucağındaydı. Genç adamın bebeği tutuşu acemiceydi. Bebeğin yanaklarını öpüyor, gerdanını kokluyordu. Filmler sessiz olmasına karşın, annenin de, babanın da söylediği kısa sevgi sözcükleri dudak hareketlerinden anlaşılıyordu. Bebeğin altı açıldığında, göbek kordonunun henüz düşmediği görülüyordu. Filmin, doğumun ilk haftası içinde çekildiğini tahmin ettim.

İkinci filmde göbek kordonu düşmüştü; babayla anne daha alışkın, daha deneyimli görünüyorlardı. Bebek için güzel bir köşe yapılmıştı yatak odasında. Bebeği tahta, sevimli bir beşik içinde yavaş yavaş sallanırken gösteren güzel bir bölüm izledim. Dudaklarının kenarı uykusunda seyiriyordu. Baba, bebeğin dudaklarını yakın plan çekmişti. Yaklaşırken netlik bir bozulup bir düzeliyordu.

Üçüncü filmdeki değişiklik, bebeğin başucuna, sallanan bir oyuncağın asılmış olmasıydı. Bebek biraz toplamış, annede ve bebekte doğumun izleri kalmamıştı.

Dördüncü filmle birlikte, bebeğin evdeki yerini iyice bulduğu, yaşamın içine girdiği, evin bireylerinden biri haline geldiği fark ediliyordu. Filmler, yaklaşık onar, on beşer gün arayla çekilmiş olmalıydı.

Sondaki filmlerden birinde beni irkilten, tüylerimi diken diken eden bir şeyi fark ettim. Filmde güçlü bir mutsuzluk atmosferi vardı. En son filmde ise bu mutsuzluk, insanın soluğunu kesen bir korkuya dönüşüyordu. Annenin, babanın bakışları çaresiz, üzgün, acı doluydu. Bebeğe sarılışları öylesine güçlüydü ki, bu filmin sonuncu olduğu belli oluyordu. Film bittiğinde odama çöken karanlık, yalnızca ışıksızlığın verdiği bir karanlık değildi. Yokluğun karanlığını derinden duyumsamıştım.

Rahatım, huzurum kaçmıştı. Olağanüstü bir trajediye tanık oluyordum. Bu karabasan, bir eskicinin sehpasından evime girmiş, tüm benliğimi içine almıştı. Merakım yine galip geldi; filmleri bu kez sonuncudan başlayarak başa doğru izledim.

Geriye doğru gittikçe başka ipuçları buldum. Son film, bebeğin birinci yaşına çok az kala çekilmişti mutlaka. Babanın elindeki kamera, salondaki büyük sehpanın üzerindeki resimlere yaklaşıyor, sehpada, bebeğin anne ve babasıyla farklı zamanlarda çekilmiş fotoğraflarını görüntülüyor; oradan yavaşça üzgün anneye, kucağındaki bebeğe dönüyor, bebeğin solgun, ışıksız bakışlarında kalıyordu.

Belli ki bebek onulmaz bir hastalığa yakalanmıştı. Annenin, babanın bakışlarındaki mutsuzluk, bebeğe sarılışlarındaki çaresizlik bundandı. Anneyle babanın bakışlarında değişikliğin başladığı filmi saptarsam, bebeğin hastalandığı zamanı bulabileceğimi düşündüm. On altı numaralı filmde, her ikisinin bakışı da belirgin bir biçimde değişmişti. On beş numaralı filmde ailede mutluluk vardı. Anne makyajlı, bakımlı, baba neşeliydi. Bebek, kendisiyle ilgilenildiğinde sevinçle ellerini sallıyor, yatırıldığı yatağın üstünde hareket etmeye çalışıyor, bacaklarını indirip kaldırıyordu. On altıncı filmde ise ne annede makyaj vardı, ne babada sevinç. Demek ki kötü haberi bu arada almışlardı. On altıncı filmden yirmi üçüncü filme kadar, mutsuzluğun, umutsuzluğun dozu her filmde artıyordu. Bebeğin hastalığının saptandığı zamanı yaklaşık olarak bulmuştum. Doğumun yedinci, ya da sekizinci ayı olmalıydı. Peki ama hastalık bebeğe nasıl gelmişti? Dışarıdan aldığı bir virüs ya da mikrop muydu bu, yoksa doğuştan içinde taşıdığı bir şanssızlık mıydı?

On beşinci filmden geriye doğru izlemeye devam ettim. On üç numaralı film gerçekten bir uğursuzluk mu taşıyordu yoksa? Hayır, bebekte bir değişim fark edilmiyordu. Bebeğin hastalığı, bu düşüncemin tersine, on sekizinci filmden sonra anlaşılabilir hale geliyordu. On altıncı filmde annenin ve babanın yüzünde değişimlere neden olan hastalık, bebekte ancak on sekizinci filmde görülüyordu. O zamana kadar bebek, sağlıklı, neşeli, hareketliydi. On sekizinci filmde hareketleri, neşesi azalmıştı. On dokuzuncuda ise bu değişim daha da belirginleşmişti.

Israrla on üçüncü filmi bir kaç kez daha izledim. Her şeyin burada başladığına kendimi inandırabilecek bir ipucu bulmaya çalışıyordum. Ama on üçüncü filmde hiç bir kötülük göremiyordum. Belki de asıl uğursuzluk buydu. İnsanlara kendini göstermeden oluşan ve varlığı fark edilince her şeyin artık çok geç olduğu bir uğursuzluk. Bu da on üçüncü filmden başkasında olamazdı. On üç rakamı, uğursuz olduğunun asla kanıtlanamayacağı kadar büyük bir uğursuzluğa sahipti sanki.

Yapacak bir şey yoktu. Filmlerin sahibi, yaşadığı bir karabasanı, belgelerini bir eskiciye vererek kendinden uzaklaştırmaya çalışmıştı. Ama o karabasan hâlâ onunla birlikte olmalıydı. Ben ise karabasanın yalnızca filmini edinmiş, kendisini yaşamamıştım. Yalnızca filmini izlemekle bu denli etkilendiğim bu fırtınanın aslının ne kadar güçlü olduğu düşüncesi beni ürküttü. Bencilce bir düşünceyle, bunları yaşayanın ben olmadığıma şükrettim. Filmleri kalın bir kâğıda sardım, on üçüncü makaranın üzerine yazılmamış olan o uğursuz rakamı, tüm filmlerdeki uğursuzluğu anlatsın diye paketin üzerine yazmayı düşündüm, sonra buna cesaret edemedim; yalnızca "Filmler" yazdım, evimin yüklüğüne kaldırdım.

Kendi filmimi elime aldım. Yirmi üç filmi defalarca izlerken bakışlardan, dudak hareketlerinden, tavırlardan anlam çıkarmayı epeyce öğrenmiştim. Buna, Mehmet'in sözü de biraz neden olmuştu belki. Şimdi hazırdım. Birkaç saniyelik görüntümün yanı sıra dikkat edersem kendimi arkadaşlarımın gözlerinde de görebileceğimden emindim. Ama nedense içimi bir korku kaplamaya başladı. Bu korku, önceki gibi ölüme ilişkin bir korku değildi. Bilincimin derinliklerinde, yüzünü kısa sürelerle seçebildiğim, kısa pantolonlu, zayıf, çelimsiz, kara kuru bir çocuk, bana yalvaran gözlerle bakıyordu. Yapamadım. Hayvanat bahçesinde kameraya görünmemek için sürekli kaçmış olan çocuğa bu kötülüğü yapamazdım. Filmi, götürüp öteki yirmi üç filmin yanına koydum.

Perdeleri açtım. Dışarıda hava kararmıştı. Elektrik düğmesini çevirdiğimde, karşı evin camlarında mı, kendi penceremde mi olduğunu anlayamadığım o küçük çocuğun yüzü, biraz neşe, biraz utangaçlık içinde belirip kayboldu.

Mısırlılar: "Zaman her şeyi eskitir, piramitleri asla," demişlerdi. Zamanın rüzgârla ve suyla birleştiğinde yarattığı gücü tanımadıklarından değildi bu. Gizli bir yakarıştı aslında olmasını istedikleri şey için.

Musa'nın, insanın ilk kez *Habil* ile öldüğünü bildirdiği günlerin çok öncesinden, ölümü de tanımıştı *Adem*'in soyu. *Darwin* doğru biliyorsa; insan, ölümünü suda bir hücreyken yaşadı ilk kez. Ölmeye de bu yüzden alıştı. *Musa* doğru duyduysa duyduklarını; insan ölmeye bir türlü alışamadı, cennetten kovulmaya alışamadığı gibi. *Musa*'ya inanılır ama *Darwin*'e inanılmaz. *Darwin*'e inanılmaz çünkü bir din değildir o. *Rüzgâr* ve *Zaman, Darwin*'den aldıkları kâğıtları yeni bilgilerle doldurup geri getirdiklerinde anlamı bulacağız. Ölüm, şimdilik bir imgedir yalnızca sezilebilen.

Kaplumbağanın üstü insanoğlunun oluşumundan önce örtüldüyse patlayan bir dağın lavıyla, kaplumbağa yavaşlığın simgesi olmaktan kurtulamaz; piramide benzer, zamana ve rüzgâra kendince direnen. Yavaşlığıyla zamanı uzatmaya çalışan, durunca zamanı durduramayan. Kaplumbağa öyküleri vardır uygarlığımızda, daha yavaş, dikkatli olmamız için uydurulmuş: Karaya çıkan gemiciler bir ateş yakarlar. Birazdan ada sulara batmaya başlar; çünkü dev bir deniz kaplumbağasıdır ada aslında ve ateşten rahatsız olmuştur. İnsan, kendi yaşamını uzatmaya ya da yaşamı korumaya çalışırken kullandığı tüm nesnelere kendi ömrünün kısalığını aktarır. Bu yüzden *Arp*,

"Ömrümün yeterli bir bölümü heykele geçinceye kadar çalışıyorum," demiştir bir heykelin ne zaman bittiğini anlatmak için. Kurban, yeterli zehir kendisine geçince ölür ancak; biraz da zaman geçince...

Nesnenin zaman içinde yaptığı yolculukta durakları insan belirler. Bir kayanın milyon yılda durarak aldığı yol, bir insan elinde heykel biçimiyle son bulur. Ya da yeni bir yola girer ömrü umutsuzca kısalmış olan. Bir insana benzeyen heykel, onun ömrüne de benzer. Rastlantılarla sınırlıdır; çünkü rastlantı insansız olmaz. Oysa insan eli değmemiş taş, duraksız taştır; insansız zamanı bilir.

Dağların kum, kumların toz, gölün çamur olacağı gün geldiğinde, dünya zıtlıklarını yitirip tümüyle *tek bir şey* olduğunda *Rüzgâr* ve *Zaman* bizi bırakacaklar. Sayıların ve harflerin yazılı olduğu ince kâğıtlar, güneşlerin rüzgârlarıyla buradan uzaklaşacaklar. *Rimbaud* bunu bizden önce görmüştü; çünkü yıldızların fru fru seslerini duymuştu. Belki de ışık rüzgârının sesleriyle gelmişti ona bir başka zamanda yazılmış olan kâğıtlar.

Taş, insana direnirken kaplumbağayı korumak için, *Çamur* kendisini teslim eder onun ellerine. Çünkü *Çamur*, yolunu tamamlamıştır. Her şeyin kendisine katılacağı zamanı beklerken *Ten*'i özler.

Heykel

Güneşte ilerlemiş bir sabahtı. Uyandığında başı ağrıyordu Erdoğan'ın. Gece içtiği şaraptan olduğunu biliyordu bu ağrının. Açılır kapanır yatağında doğruldu, ayakkabılarının içine bıraktığı çoraplarını, sonra ayakkabılarını giydi, ayağa kalktı. Atölyede kaldığı her gece olduğu gibi tulumuyla uyumuştu. Üstünü başını düzeltti, yatağı katlayıp duvara dayadı, gece kendiliğinden sönmüş mangalı ayağıyla duvar dibine, yatağın yanına sürdü. Gerinirken atölyenin karışıklığına baktı; "Ne zaman toplayabileceğim bakalım burasını," diye söylendi.

Lavaboda soğuk su yüzüne değince kendine geldiğini, dirildiğini duyumsadı. Toprağın iki karış altında döşenmiş bir boru sistemiyle atölyeye ve arkasındaki küçük köyün hepsi hepsi elli kadar hanesine dağılan pınar suyu kentin klorlu, kireçli, demir kokan suyundan ne kadar farklıydı. Erdoğan eve giderken en azından iki orta boy bidon da su götürürdü. Apartmandaki komşuları bile bu güzel suyu bekler olmuşlardı.

Erdoğan üç yıl kadar önce, kentte bir apartman altındaki atölyesinde gelen gidenden, atölyenin darlığından, malzeme getiren kamyonların sokak arasına girememesinden sıkılmış, atölyesini, önceleri hafta sonlarında dinlenmek için geldiği bu küçük, kente yakın köye taşımaya karar vermişti. Sorup soruşturmuş, denize iki yüz metre kadar uzakta, önü açık, yaklaşık bir dönümlük bu arsayı bulmuştu. O yaz, gide gele iki yüz elli metrekare kadar kapalı alanı olan tek katlı, birkaç bölmeden oluşan bir atölye yapmıştı.

Atölyede kendisine bir yatak odası ayırmıştı ama, bir süre sonra bu oda da malzemeyle, kalıplarla dolmuştu. Artık açılır kapanır bir yatak ile idare ediyordu. Genellikle bir geceden çok kalmıyordu; ama bu kez sıkışan işler onu üç gündür burada yatmak zorunda bırakmıştı. Atölyenin önü denize bakıyordu. Arkası ise elli metre kadar giden bir toprak alandan sonra yolu, ileride köyün evlerini görüyordu. Çevreye bir sürü ağaç dikmişti Erdoğan. Atölyenin önüne, yana doğru genişleyen bir çardak yapmış, üstünü sarmaşık sardırmıştı. Yağmur mevsiminde bu sarmaşıkları kalın bir naylonla örtüyor, hava soğuk değilse burada çalışıyordu.

Karıncalardan korumak için naylon torbaya koyduğu geceden kalmış ekmeği, buzdolabından peyniri, domatesi, biberi çıkardı; sonra birden anımsamış gibi, dışarı, kapının önüne, güneşe çıktı. Pencerenin içinden aldığı cep aynasını güneşe tutup üç yüz metre kadar ilerideki balıkçı kahvesine doğru çevirdi. Aynadan yansıyan güneş ışığı kahvenin camında parladı, çay ocağında duran Ali'nin gözlerini kamaştırdı. Birkaç dakika önce gelip yandaki masaya oturan Balıkçı İsmail:

"Erdoğan ağbi uyanmış," dedi. "Koy da ben götüreyim çayı. Dün gece o kadar içtikten sonra öğleyi bulur demiştim sana ama, yine toparlanmış bak."

"Kaç şişe içmiştiniz?" diye sordu Ali.

"Beş kişi yedi büyük şarap içtik. Ben erkenden denize çıkacağım diye yarım şişeyi geçmedim, ama onlar dipledILER valla," dedi İsmail.

"Taşçılar da vardı ha?"

"Evet, Erdoğan ağbinin siyah taşını getirdiler. Taşçıyla kardeşi gelmişti, bir de şoför vardı. O kadar içtikten sonra inşallah kazasız belasız gitmişlerdir."

"O koca kamyondan başkasını bulamamışlar mı bir taş taşımak için?"

"Senin o bir taş dediğin iki ton geliyor. Hoş Erdoğan ağbi hesap yaptı, bu taş en az iki yüz kilo daha ağır olmalıydı dedi ama canımız çıktı valla taşı indirinceye kadar yerine. Bir de Erdoğan ağbi, taş yerine konulduktan sonra yerini biraz değiştirtti ya, asıl o kısmı yordu valla. Neyse, ben şu çayı götüreyim soğumadan da, anlatırım nasıl indirdiğimizi," dedi İsmail.

Erdoğan, İsmail'in kahveden çıkıp koşar adamlarla kendisine doğru geldiğini görünce içeri girdi; iki sandalye aldı, güneşe koydu. İsmail geldiğinde yarım ekmeğin içine peynir, domates yerleştiriyordu.

"Sana da hazırlayayım mı bir sandviç?" diye sordu İsmail'e.

"Afiyet olsun ağbi ben tokum. Balıktan dönünce sıkı yedim, deniz acıktırıyor insanı," dedi İsmail.

"Nasıl, bir şeyler çıktı mı bari şu kuru denizden?"

"Hakikaten kuru ağbi. Her gün biraz daha kuruyor. Nerde o eski balıklar. Yazın dalıyorum ya, inanır mısın denizin fukaralığını o zaman görüyorum. Eskiden taşların altında eşkinalar, kiklalar cirit atardı, ahtapot vardı, ara sıra istakoz bile bulur, şu restorana satardım. Şimdi kum balıklarından başka bir şey yok; denizin pisliğinden kefallerle camgözler çoğaldı. Bugün topu topu biraz mezgit, biraz barbun çıktı ağdan. Sekiz on tane de iri izmarit aldım yemlide. Akşama izmaritleri burada boklu yaparız ağbi," dedi İsmail.

"Yok İsmail," diye atıldı Erdoğan, "akşam eve gitmem lazım. Üç gündür şu büstü yetiştireceğiz diye koktum burada. Saçımın başımın haline bak; gideyim de bir banyo yapayım."

"Tamam ağbi, öbür gün gelince yeriz, saklarım buzlukta."

"Sen onu bu gece annenle babanla ye İsmail, benim işim belli olmaz," dedi Erdoğan.

Bu İsmail iyi, hoş çocuktu da biraz fazla yapışıyordu insana. Daha önce pek sokulmazdı, yaşıtlarıyla top oynardı, babasıyla balığa çıkardı. Birkaç ay önce askerden dönünce atölyeye gelir gider olmuştu. Sabah balıkları satıp, kahvaltısını yaptıktan sonra kahvede pencerenin kenarında oturuyor, Erdoğan uyanıp kahvenin camına aynayı tutunca çayı aldığı gibi atölyeye koşturuyordu. Hoş, epeyce yararı da oluyordu çocuğun. Yardım ede ede, polyester kalıp yapmayı neredeyse öğrenmişti. Erdoğan ara sıra onu nalbura, bakkala gönderiyor, onun da yardım ettiği bir işin parasını aldıkça eline üç beş kuruş sıkıştırıyor, çocuğun emeğini karşılıksız bırakmıyordu. Akşamları içki masası varsa İsmail masadan eksik olmuyordu. Gelenler ya balıkçılar, ya köylüden birkaç kişi, çok seyrek de olsa, Erdoğan'ın heykelci, ressam arkadaşlarıydı. Köylüyle içmek o kadar ilginç gelmiyordu İsmail'e, ama sanatçı dostlar gelince onları dikkatle dinliyor, bazen söze bile karışıyordu.

Kimi zaman tamamen yalnız olmak istiyordu Erdoğan. Sipariş heykelleri yaparken değil ama; içinden geldiği gibi bir heykel yapmak istediğinde kimseye katlanamıyordu. Önünde çamuru ve bir kadeh şarabıyla yapayalnız kalmak, gözlerini kapayıp parmaklarının ucundaki ıslak kilin teninde kurumasını duyumsamak, parmaklarının her hareketiyle çamurun biçim değiştirmesini izlemek, elinin onu götürdüğü biçimi görebilmek için yalnızlığa gereksinim duyuyordu. Bu, bir müzisyenin beste yaparken kendi benliğindeki sesler dışında hiçbir ses duymak istememesi gibiydi. Yeni biçimlerin parmaklarının ucunda oluşmasını izlemek onun için dünyanın en büyük mutluluğuydu.

Çalışırken, sık sık Arp'ın sözünü yineliyordu. "Ömrümün yeterli bir bölümü heykele geçinceye kadar çalışıyorum." Bu söz onu güçlendiriyordu. Heykele gerçekten can verdiğini, onunla uğraşırken geçen zamanın ve emeğinin o heykelin içinde biriktiğini, bir kabın suyla dolması gibi, heykelin de, taşıyabileceği en çok zamanla ve emekle dolduğunda tamamlanabildiğini duyumsuyordu. Yarın elindeki son sipariş olan büstün rötuşunu, patinasını yapıp müşterisine hazır hale getirecek, sonra hemen kendi heykeline başlayacaktı. Peynir ekmeğini yerken dün akşam gelen yeni mermere bakıyordu. Bu, iki metrelik siyah taşı iki hafta önce borcunu kapatmak için gittiği taşçıda görmüştü. Görür görmez yanına yaklaşmış, çevresinde dolaşmış, okşamıştı. Taşçı Osman her zaman yaptığı gibi fiyatı düşürmemek için:

"Ağbi bir mimar müşterim senden önce baktı. Bundan temiz bir banyoluk mermer çıkar görüyorsun. Yarın haber verecek alıp almayacağını," demişti ama Erdoğan kulak asmamıştı.

"Şimdi ne uğraşacaksın oğlum bunu dilimlemek için. Böylece getir koy benim atölyenin önüne," demişti.

Sonra kısa bir pazarlık başlamıştı. Erdoğan, adamın tok satıcı numarasına tok alıcı karşılığı vermiş, üstüne gitmemiş, kendi fiyatını önermişti:

"Senin mimar almazsa, bu fiyata alırım arkadaş; ama gecikme de, gidip başka taş aramayayım," diye kestirip atmıştı. Gerçekten üç gün sonra Taşçı Osman atölyeye gelmişti. "Geçerken uğradım, bir çayını içeyim dedim," gibisinden sözü döndürüp dolaştırmış, Erdoğan unutmuş gibi yapıp taştan söz açmayınca dayanamayıp sözü taşa getirmişti. Erdoğan'ın fiyatı artırmaya hiç niyeti olmadığını anlayınca, "Tamam ağbi, kamyonun uygun bir zamanını ayarlayıp getiririm" demişti. Bu Erdoğan'ı heyecanlandırmıştı. Çünkü daha ilk görüşünde bu kütlenin içinde iyi bir heykelin gizlenmiş olduğunu, bu heykele ulaşabileceğini duyumsamıştı. Şimdi İsmail'e, bu taşa başlarken yalnız kalmak istediğini anlatmalıydı. Belki çocuk kırılacaktı ama başka çaresi yoktu. Ona doğru döndü:

"Güzel taş değil mi İsmail?" diye sordu.

"Çok güzel ağbi. Ne kadar siyah; hiç lekesi yok."

"Damarı da yok. Üstelik granit gibi sert değil. Biraz Toros siyahına benziyor ama bu başka bir şey. Daha lekesiz, daha yumuşak, nedense biraz da hafif."

"Cinsinden değil mi ağbi?"

"Hafifliği mi? Pek cinsinden değil gibi. Görünüşü ağır ama hesaplayınca tutmuyor. Gel seninle bir bakalım şunun boyuna posuna."

İsmail koşup metreyi getirdi içeriden. Birlikte taşın yanına gittiler. Yüksekliği, eni boyu ölçtüler, Erdoğan'ın mermer özelliklerinin yazılı olduğu kitabına göre ağırlığını hesapladılar. En hafif mermer üzerinden hesap yaptıklarında bile ağırlık yüz elli kilo kadar az çıkıyordu.

"Tuhaf şey," dedi Erdoğan. "Belki de bu, daha önce bulunmamış bir mermer cinsi. Daha önce böyle bir şey görmemiştim. Gerçekten tuhaf." Sonra, kulağını yapıştırıp taşı dinlemeye başladı. İsmail merak etmişti. O da taşın öbür yüzüne kulağını dayadı, bir şey duyamıyordu; ama soramadı da. Erdoğan şimdi uzaklaşmış ellerini göğsünde kavuşturmuş taşı seyrediyordu. Kaşları çatılmıştı. Yere eğildi, toprağın üstüne yüzükoyun yattı, taşı aşağıdan seyretmeye başladı. Sonra, İsmail'e bakmadan seslendi.

"İsmail, içeriden yüksek merdiveni getir koçum."

İsmail fırladı, atölyeden açılır merdiveni getirdi, Erdoğan'ın yanına koydu. Erdoğan merdiveni taşın bir metre kadar uzağına götürdü; İsmail yardım etti; birlikte merdiveni açtılar. İsmail tuttu; Erdoğan üst basamağa kadar tırmandı. Yukarıdan birkaç dakika boyunca taşa baktı. Sonra dikkatle indi aşağıya. İsmail'e döndü:

"İsmail, çık bakalım ne göreceksin," dedi. İsmail merdivene çıktı, baktı, baktı, sonra aşağı indi.

"Eee?" diye sordu Erdoğan. İsmail cevap veremedi. Erdoğan elini onun boynuna attı,

"Ben onun içinde bir şeyler görür gibi oldum biliyor musun?" dedi biraz gizemli bir edayla. İsmail soran bakışlarını Erdoğan'ın gözlerine dikti. Erdoğan devam etti:

Hayal meyal bir şeyler gördüm. İçerideki heykel hiçbir zaman tam olarak görünmez. Sen istediğin kadar önceden çamur eskiz yap. Önce modele uyar kabasını atarsın ama sonra oymaya başladığında o gizli olan öteki heykel senin yaptığın modelle çatışmaya başlar. Senin düşündüğüne benzer ama daha güzeldir. Senin onu bulmanı bekler. Sen kestikçe o biraz belirir, biraz kaybolur. Yavaş yavaş yaklaşırsın ama tam ne olduğunu son ana kadar bilemezsin. Bulanık suda dalmak gibidir. Derinliği kestirirsin, kaç kulaçta ineceğini hesaplarsın ama tam tutmaz; kör bir dalış yaparsın, bir anda baba kefalle karşılaşırsın; tam tüfeği çevirecekken vın der kaçar. Gördüğün anda tüfeğin ucundaysa çekersin tetiği. Bir an meselesidir senin anlayacağın."

"Bilmez miyim ağbi," diye atıldı İsmail; ama Erdoğan devam etti:

"Şimdi İsmail, ben yarın şu büstü bitirince kör dalışa geçeceğim. Benim bu taşın içinde duran heykeli hissetmem, onu duymam, görmem lazım; ama bunun için yanımda kimsenin olmaması, benim yalnız kalmam gerekiyor. Bu yüzden sana haber verinceye kadar buraya gelme dersem bana darılmazsın değil mi? Senden bir şey daha isteyeceğim, köylüye de gelmemelerini söyle en azından bir hafta. Yarın yine beraber çalışır şu işi bitiririz. Sana polyestere nasıl bronz rengi verildiğini, hem de eskimiş, toprak altından çıkmış bronz gibi nasıl boyanacağını öğreteceğim. Tamam mı?

İsmail anlamıştı. Erdoğan'a:

"Tamam ağbi, biliyorum, sanatçı adamsın sen, yalnız kalmazsan bu iş olmaz. Aslında seni sıkıyorum galiba be ağbi değil mi?" dedi. Sesinde bir kırgınlık yoktu.

"Olur mu İsmail, bana çok yardım ediyorsun, ama bu defa iş başka. Sen beni hiç kendi işimi yaparken görmedin. Burada seninle onun bunun heykelini, büstünü, anıtını yaptık ama benim gerçek sanatımı hiç görmedin. İstediğim gibi çalışırsam bak bu farklı bir şey olacak, sen de anlayacaksın."

"Kaç günde biter ağbi?" diye sordu İsmail.

"Belli olmaz; ama bir defa başlayınca çok sürmez. Heykeli yakaladım mı ondan sonra sen burada olsan da, dünya alem beni gelip lafa tutsa da fark etmez. O içerideki belli belirsiz görüntüyü görene kadar her şey. Ondan sonrası kolay. O görüntü kendini bazen çabuk gösterir, bazen geç. Hiç göstermediği de olur; ama bunda sanırım öyle olmayacak. Bu taşta bana seslenen bir şey var, hissediyorum. Öyle bir şey ki, çamur model filan da yapmayacağım. Doğrudan kesmeye başlayacağım."

Birlikte atölyeye girdiler; bir gün önce döktükleri büyük büstü sehpasıyla birlikte dışarı çıkardılar. Erdoğan eline zımpara kâğıdını aldı, kalıp izlerini, çapakları birkaç saatte yok ettiler. İsmail ince zımparayla büstü iyice parlattı. Rötuş işi bittiğinde akşam olmak üzereydi. Ertesi gün öğleye doğru geleceğini söyleyerek ayrıldı İsmail. Erdoğan da iki bidon su doldurdu, arabasının bagajına yerleştirdi, kente doğru yola çıktı.

O gece Erdoğan evindeki heykel kitaplarını karıştırdı, eline aldığı kâğıda siyah taşı oranlayarak çizdi; içinden çıkarabileceği heykeli tasarlamaya koyuldu. Uykusu geldiğinde henüz hiçbir şey oluşmamıştı aklında. "Mermer bana yol gösterecek, anlaşıldı," dedi uyumadan önce.

Ertesi gün atölyeye vardığında İsmail'i kapıda oturmuş bekler buldu Erdoğan. İsmail'in elinde bir naylon torba vardı.

"Ağbi gecikeceksin, balık bozulacak diye korktum," dedi gülümseyerek.

"Ne balığı?" diye sordu Erdoğan.

"Bak da gör ağbi," dedi, iç içe iki naylon torbanın ağzını açarken İsmail. Torbada kocaman bir eşkina vardı.

"Nereden buldun bunu yahu?"dedi şaşkınlıkla Erdoğan.

"Ağa takılmış. Kim bilir kaç yaşında. Görüyor musun, üstünde yara izi bile var, belki zıpkın yarasıdır. Senin kısmetine çıktı ağbi. Ağı atarken, çıkan en büyük balık Erdoğan ağbimin kısmetine olsun dedim, bu çıktı. Daha kayıkta temizledim, pullarını kazıdım," dedi İsmail.

Erdoğan gülümseyerek çocuğa baktı:

"Birlikte yiyeceğiz o zaman bu akşam. Nasıl olsa bunun başka kısmetlisi de çıkar. Bir de küçük açtık mı değme gitsin," dedi atölyenin kepengini kaldırırken. İsmail, çok keyiflenmişti. Balığı götürüp küçük buzdolabına koydu. Hemen işe giriştiler. Erdoğan çeşitli boyaları karıştırıp oksit sarıları, bakır yeşilleri, demir kırmızıları yaptı; sonra eline aldığı bir bezi boyalara batırarak büstün çeşitli yerlerine sürdü. Kimi yerine daha koyu sürüyor, kimi yerine dokundurup geçiyordu. İsmail dikkatle izliyordu Erdoğan'ı. Boya bitince silme işlemi başladı. İki saat sonra polyester büst eski bir bronz görünümüne kavuşmuştu. İsmail hayranlıkla baktı:

"Ağbi valla bu işi biliyorsun sen," dedi dudaklarını büzerek.

"Birkaç saate kurur bu," dedi Erdoğan. "Haydi şu çaydanlığa bir çay koy da dinlenelim."

İsmail çayı hazırlarken Erdoğan dışarı çıktı; bir sandalye çekti, oturdu. Biraz ileride siyah mermer, birkaç yüz metre uzaktaki denizin maviliğini arkasına almış, öyle bekliyordu. Gökyüzü az bulutluydu. Ara sıra rüzgâr güçleniyor, kıyının kumunu havalandırıyordu ama, kumsalla atölyenin arasındaki sertleşmiş toprağı, burada yayılmış kazayaklarını aşıracak kadar güçlü esmiyordu. Yine de denizin üstünde kıpırtılar, uzaklarda beyazlıklar vardı. İsmail baktı:

"Sabah bunun böyle yapacağı belliydi," dedi. "Babam söylemişti dün akşamdan."

Erdoğan'ın içinde siyah mermere karşı bir şeyler kıpırdamaya başlamıştı, ama çocuğu göndermeye ya da "şus şimdi!" demeye gönlü razı olmuyordu. Birden içeri gitti, bir döner sehpa aldı geldi. İsmail'e, "Gel benimle," dedi. Birlikte atölyenin arka tarafına, malzeme deposuna gittiler. Erdoğan duvara asılı, iki ucuna birer küçük sopa bağlı olan üç karış uzunluğundaki kalın misinayı aldı, kırmızı çamurların üstündeki kaba naylon örtüyü kaldırdı, ince naylona sarılı yirmi kiloluk çamur paketlerinden birinin üçte birini misinayla kesti, İsmail'e:

"Al bakalım şu çamuru da gel," dedi.

İsmail naylonları örtüp, çamuru kucakladığı gibi Erdoğan'ın peşinden gitti.

"Koy sehpanın üstüne," dedi Erdoğan. İsmail çamuru sehpaya koydu.

"Bak şimdi seninle bir anlaşma yapacağız," dedi Erdoğan. "Bu çamur senin. Şimdi sen bununla bana istediğin bir balığın heykelini yapacaksın. Ama konuşmak, soru sormak yok. Ben de şu siyah taşın içindekini görmeye çalışacağım." İsmail şaşırmıştı. Önce, karşı koyacak gibi oldu, ben nasıl yaparım ağbi, diyecek oldu, ama Erdoğan kararlıydı.

"Şimdi çayları koy, bittikçe tazele, ama sesini çıkarma. Yemeğe kadar bu işi bitireceksin. Yapamıyorum yok. Ne kadar yaparsan... Benim kadar olmasa da bir şeyler yaparsın. Ben de balığa çıktığımızda senin kadar balık tutamıyorum ama eli boş da dönmüyorum."

İsmail çamuru şöyle bir elledi, parmakları yumuşak çamura gömüldü, acemi ellerle hamur yoğurur gibi birkaç kez çamuru önünde yuvarladı, sonra Erdoğan'ın çamurla çalışırken neler yaptığını anımsamaya çalıştı. Birkaç dakika sonra da öyle bir kaptırdı ki kendini önündeki çamura, Erdoğan'ın sesini duyduğunda kendine geldi.

"Hey, heykelci arkadaş, çay ne durumda?" diye sesleniyordu Erdoğan.

Ellerini yıkayıp büyük su bardaklarına çayları doldurdu, İçine şeker atıp Erdoğan'ın bardağını hiçbir şey söylemeden ona uzattı. Erdoğan gülümseyerek aldı, "Haydi devam et," dedi.

İsmail çamurunun başına gittiğinde Erdoğan elinde çay bardağı taşın çevresinde dönüyordu ağır ağır. Sonra taşa yaklaştı, bardağı taşın üstüne koydu, elini taşın üstünde dolaştırıyor, zaman zaman başını taşa dayıyor, dudaklarını değdiriyor, mermerin dudağındaki nemi aldığını, dudağının hafifçe taşa yapıştığını duyumsuyordu. Ne kadar kuru, dedi içinden. Gidip musluktan bir kova su doldurdu; bir de sünger aldı, taşı süngerle ıslattı, okşar gibi yavaş yavaş yıkadı. Siyah mermer ıslanınca pırıl pırıl parlamaya başlamıştı.

Bulutlar kaybolmuş, güneş iyice ısıtıyordu. Mermer ılıktı. Islanan yerler birkaç saniye sonra kuruyor, parlayan ıslak alan harelenerek hızla küçülüyor eski haline dönüyordu. Erdoğan taşı iyice yıkadı. Üzerindeki tozu, birkaç yerine bulaşmış çamuru temizledi. Yine sarıldı taşa, gözlerini kapadı, yanağını dayadı; yüzeyin sertliğini, içeriden gelen ısıyı duyumsadı. Kulağını yapıştırdı. Gözleri kapalıydı. Taşın içinden belli belirsiz bir hıçkırık duyar gibi oldu. Bir genç kız sesiydi bu sanki. İrkildi, gözlerini açtı, birkaç adım geri çekildi, İsmail'e baktı. İsmail gülümseyerek bir kendisine bir atölyenin yan tarafına doğru bakıyordu. Erdoğan o tarafa dönünce üç kişinin orada olduğunu fark etti. Şık giyimli bir kadın, genç bir kız ve bir delikanlı atölyenin yanında durmuş ona bakıyorlardı. Kız eliyle ağzını kapamış gülüyordu. Erdoğan hıçkırık sandığı sesin ondan geldiğini anlamıştı. Şık giyimli kadın, kıza doğru baktı ayıplarcasına. Kız susmuştu ama içten içe kıkırdadığı belli oluyordu. Oğlan gülmüyordu; dikkatle izliyordu çevreyi. Kadın elini uzatarak Erdoğan'ın yanına yaklaştı. Tokalaştılar.

"Sizi rahatsız ettiğim için özür dilerim; benim adım Nazlı, bunlar da çocuklarım Murat ve Olcay," dedi kadın nezaketle. Erdoğan sıkılmıştı. Hem böyle garip bir biçimde görüldüğü için, hem de tam bir şeyler duyumsamaya başlarken birileri geldiği için. Yüzünü asmamaya çalışarak, "Önemli değil," dedi. Sonra, kadından bir açıklama bekler gibi sustu.

“Bana sizden Rahmi Bey söz etti,” dedi kadın. “Üç sene önce babasının büstünü yapmışsınız. Evlerinde gördük, çok beğendik. Ne kadar benzetmişsiniz, şaşırdım inanın. Sizden bir şey rica etmeye geldik. Çocuklarımla, –başıyla iki genci göstererek– ben, üç ay kadar önce yitirdiğimiz eşimin bir heykelini yapmanızı rica ediyoruz sizden. Para önemli değil, Rahmi Bey’in babasının heykelini görmüş olmamız yeterli. Çok iyi bir heykelcisiniz. Lütfen bizi kırmayın.”

Erdoğan ne söyleyeceğini bilemedi, duraladı. Rahmi Bey, çok önemli bir sanayiciydi. Babasının heykeline normal fiyatın üç katını vermişti. Titiz bir adamdı; sanatın değerini biliyordu. Erdoğan, “Bu ödediğiniz benim hak ettiğimden fazla” diyerek itiraz edecek olduğunda adam:

“Sanat parayla ölçülmez Erdoğan Bey. Yaptığınız çok önemli bir iş. Üstelik, babamın kimliği ile sizin sanatınızın birleştiği bu heykel ucuz olamaz. Bu parayı kabul edeceksiniz,” demişti. Erdoğan ilk kez karşılaştığı bu değerbilir tavır karşısında şaşırmış ama saygı da duymuştu. Rahmi Bey’in adını vererek gelen bu insanları geri çeviremezdi. Kadına:

“Çay içer miydiniz? diye sordu kibarca. Kadın, içip geldiklerini söyledi. Atölyenin ve çevresinin dağınıklığı, kadında bardakların kirli olabileceği kuşkusunu yaratmıştır düşüncesiyle üstelemedi Erdoğan. İsmail içeriden üç sandalye getirmiş, atölyenin önüne koymuştu. Üstlerinin tozunu alıyordu.

“Buyurun oturun lütfen” dedi Erdoğan sandalyeleri gösterip. Üçü de oturdular. Kız hâlâ gülümsüyordu. Erdoğan’la göz göze geldiler. Erdoğan da gülümsedi. Kız bundan cesaret alarak:

“O taşı neden öpüyordunuz?” diye sordu. Annesi kıza dönüp:

"Olcay!" dedi sertçe. Erdoğan kadına doğru:

"Önemli değil hanımefendi,"dedi, sonra kıza:

"İçindeki heykeli tanımaya çalışıyordum," dedi. Kız anlamamıştı ama annesi gülümseyerek:

"Ne yapmayı düşünüyorsunuz o taştan?" diye sordu.

"Henüz bilmiyorum. Daha iki gün önce geldi. Aramızda bir iletişim var, birbirimizi tanımaya çalışıyoruz," dedi Erdoğan.

"Eşimin heykelini belki bu taştan yaparsınız," dedi kadın yine gülümseyerek. İyi bir insan olduğu yüzünün duruluğundan, gülümsemesinden belli oluyordu.

"Büstleri çamurdan çalışıyorum hanımefendi, mermerden büst oymak çok güç iştir, ben bu güne kadar bunu denemedim," diye yanıtladı Erdoğan.

"Belki anlaşırız," dedi kadın yine gülümseyerek. Erdoğan ses çıkarmadı. Biraz suskunluk oldu, sessizce oturan delikanlı, İsmail'e dönerek:

"Siz de heykeltıraş mısınız?" diye sordu alçak bir sesle. İsmail Erdoğan'ın yüzüne baktı, kızardı;

"Yok ağbi, ben balıkçıyım da..." dedi, ama gerisini getiremedi. Erdoğan:

"İsmail balıkçıdır ama zaman buldukça bana yardım ediyor. Kalıp işlerinden iyi anlar," dedi İsmail'e göz kırpıp. İsmail, başını önüne eğip çamuruna döndü. Erdoğan, hareketlerinin değiştiğini izledi İsmail'in. El, kol hareketleri, duruşu belli belirsiz bir gösteriş kazanmıştı. Kadın Erdoğan'a:

"Erdoğan Bey, bakın bunlar benim eşimin fotoğrafları," dedi, çantasından bir tomar fotoğraf çıkarıp Erdoğan'a uzatırken.

Erdoğan fotoğrafları aldı, dikkatle incelemeye başladı. Değişik açılardan çekilmiş boy, yarı boy, portre fotoğraflarıydı bunlar. Kadın:

"Rahmi Bey, nasıl fotoğraflar istediğinizi söylemişti babasının büstü için; ben de size önceden getireyim dedim," dedi.

Erdoğan kadına baktı, ne söylemesi gerektiğini kestirmeye çalışıyordu.

"Hanımefendi, aslında bir süre için sipariş almayı düşünmüyordum. Sizinle açık konuşacağım. Son aylarda çok sayıda ve acele yapılması gereken işler aldım. Her müşterim işinin bir an önce bitmesini istedi, ben de gece gündüz demeden çalıştım. İnanın ki artık kendimden hoşnut olmamaya başladım. Aklımda bazı heykeller var. Soyut formlar gözlerimin önünden geçip duruyor. Elime çamuru aldığımda parmaklarım formların peşinden serbestçe gitmek istiyor; ama aklım aldığım siparişi yetiştirmek zorunda olduğunu söylüyor parmaklarıma. Siz gelmeden önce şu taşı tanımaya çalışıyorum demiştim ya, işte bugün kendi heykelime başlamayı düşlüyordum. Sizi geri çevirmek istemem, ama eşinizin büstü için acele etmiyorsanız, şu taşla işim bitince ona başlarım," dedi, siyah taşı göstererek.

Kadın:

"Aslında biraz acelemiz var," dedi sıkılarak. "Eşimin kurup bize bıraktığı fabrikada bir ay sonra bir tören yapacağız. Günü saptandı ve duyuruldu. Büstü bu törene yetiştirmek istiyorduk. Büst diyorum ama, aklımızda biraz farklı bir heykel var. Töreni üç ay sonra yapacaktık; ama yabancı bir firmayla ortaklık kuruyoruz. İşin beklemeye tahammulu yok. Anlayacağınız çok sıkıştık. Rahmi Bey, bu işin altından sizin kalkabileceğinizi söyledi," dedi boynunu bükerek.

"Mümkün değil," dedi kendini tutamayarak Erdoğan. Sesi biraz yüksek çıkmıştı. "Özür dilerim, ama bir ayda böyle bir heykeli bitirmek mümkün değildir."

"Ne olur Erdoğan Bey, lütfen bizi kırmayın," derken kadının gözleri dolmuştu. "İnanın bizim için çok önemli. Hem yanlış anlamayın, gerçekten para hiç sorun değil. Gereken ne ise beş katını veririm seve seve ama bizi kırmayın."

Erdoğan sıkılmaya başlamıştı. Derin bir iç geçirdi, Polyester mi, bronz mu istiyorsunuz? diye sordu.

Kadın yine biraz sıkılarak çantasından bir kartpostal çıkardı.

"Bunu İngiltere'den almıştım. Eşim çok beğenmişti. Gördüğünüz gibi siyah bir mermerden yapılmış." Kartın arkasına baktı:

"1685 yılında bir heykelci yapmış. Taşın içinden çıkmış gibi duruyor heykel sanki... Değil mi?"

Erdoğan'ın bildiği bir heykeldi bu. Blok bir mermer üstten işlenmiş, büst belirdikten sonra, aşağı doğru, göğse inerken çalışma tamamlanmış, taş doğal haliyle bırakılmıştı. Aşağıdan yukarı doğru bakıldığında ise taşın yukarı doğru çıktıkça bir insan bedenine dönüştüğü, dikkatle işlenmiş gerçekçi bir baş ile bittiği görülüyordu.

Kadın:

"Erdoğan Bey, bu kaderin bir cilvesi sanki. Bakın, bu taşı yeni almışsınız ve ben bugün size geliyorum. Kocamın beğendiği heykel de bunun gibi siyah mermerden yapılmış. Sanki bunları onun ruhu ayarlıyor," dedi heyecanla. Erdoğan biraz kızmıştı. Kıskandığını fark etti. Bu siyah taşı kimseyle paylaşmaya niyeti yoktu. Ama kadın, heykeli bu taştan yapacak olursa kendisine öyle bir ödeme yapacağını söyledi ki, neredeyse sandalyesinden düşüyordu. Kadının önerdiği parayla iki yıl hiçbir iş yapmadan geçimini sağlayabilirdi. Çaresizlikle:

"Hanımefendi ben hiç mermer büst denemedim. Evet taştan çok heykel yaptım ama bu öyle bir iş ki, geri dönüşü mümkün değil. Bir aydan söz ediyorsunuz. Yirminci gün bir hata yapsam bir daha heykeli toparlayamam," dedi.

Kadın boynunu büktü yine, acındırarak ama kararlı bir sesle,

"Bakın, ben Rahmi Bey'le konuşurken bu işin nasıl yapıldığını sordum. Sanırım önce bir çamur model yapıyor, sonra bunun kalıbını alıp bronz döktürüyormuşsunuz. Mermere bir şey olursa çamurdan hemen bronza geçiririz. Dökümcünüz için ayrı bir ödeme yaparım," dedi ve bu işi kabul ederse Erdoğan'ın eline geçecek parayı biraz daha yükseltti. İsmail elindeki işi bırakmış Erdoğan'ın yüzüne bakıyordu. Utanmasa; "Ağbi işi kaçırma ben sana yardım ederim," diyecekti.

Kadın çantasından çek defterini, dolmakalemini çıkarmış, Erdoğan'dan yanıt bekliyordu. Erdoğan'ın bakışları siyah taştaydı. Hayır, demek geçti içinden ama parayı düşündü. Bu parayla hiçbir iş almadan uzun süre idare eder üstelik bunun gibi en az on taş satın alır bir sergi hazırlayabilirdi. Siyah taşa ihanet ediyor gibi hissetti ama ağzından zayıf bir peki, sözcüğü çıktı. Kadın ve çocuklar sevinmişlerdi, ama en çok sevinen İsmail'di. Çocuğun gözleri ışıl ışıl olmuştu. Kadın saygılı bir biçimde:

"Erdoğan Bey, bu işi bitireceğinizden eminim. Size söz verdiğim paranın yarısını hemen veriyorum. Sanırım tüm giderlerinizi karşılar. İşi şu siyah mermerle tamamlarsanız anlaştığımız gibi öderim. Mermer istediğimiz gibi olmazsa bronz işini yeniden konuşuruz, ama merak etmeyin zararlı çıkmayacaksınız," dedi, parasına güvenen, istediğini elde etmiş bir işkadını tavrıyla.

Elindeki çeki Erdoğan'a uzatırken İsmail'e döndü, rahatlamış bir halde:

"Şimdi bir çay içebiliriz, dedi. Konuşkan, içten bir insandı. Çaylarını içerken atölyeyi gezdiler; Erdoğan'ın daha önce yaptığı heykellerin, anıtların duvarda gelişigüzel asılmış fotoğraflarına baktılar. Kadın bu heykelleri gördükten sonra:

"Sizin bu işin üstesinden, hem de kısa bir sürede geleceğinize artık tamamen inanıyorum," dedi Erdoğan'a.

Gece İsmail ve Erdoğan, sofraya katılan çaycı Ali'yle birlikte bir büyük rakıyı bitirdiler. Biraz zeytinyağı, bolca soğan, yeşil biber, domates ve bahçeden kopardıkları bir tutam biberiye ile güveçte pişen eşkinanın suyu iki ekmeğe bana mısın demedi. Çaycı Ali gelirken bakkaldan koca bir dilim de tahin helvası almıştı. Erdoğan, Ali gelmeden önce, İsmail'e bu işten kaç para alacağını kimseye söylememesini tembihlemişti.

"Bak İsmail, ağzından kaçırırsan, bir yerden duyarsam, arkadaşlığımız biter ona göre haa. Ağzından çıkmayacak, ben ne dersem onu yapacaksın, bu işin sonunda sana yeni bir motor bile alırım belki." demişti İsmail'in omuzlarından tutup, doğruca gözlerinin içine bakarak. İsmail: "Ağbi kimseye söylersem ölene kadar balık yüzü görmeyeyim" diye yemin etmişti.

Ertesi gün Erdoğan için oldukça güç bir gün oldu. Büstünü yapacağı adamın fotoğraflarını kendince sıraladı. Çalıştığı sehpanın arkasındaki duvara tutturdu. Kadının ne kadar titiz bir insan olduğu fotoğrafların arkalarındaki yazılardan belliydi. Her resmin arkasına tarihi, çekildiği yer okunaklı bir yazıyla yazılmıştı. İsmail canla başla çalışıyor, Erdoğan'ın bir dediğini iki etmiyordu. Erdoğan iki gün içinde kırmızı çamurdan gerçeğe uygun boyutta bir büst yapmış, kadına haber vermişti.

Ertesi gün kadın elinde başka fotoğraflar, yanında çocukları ve şık giyimli iki kişi ile birlikte geldi. Adamlardan biri kadının kayınbiraderi, öteki, kocasının en eski arkadaşlarından biriydi.

"Ne kadar hızlı çalışmışsınız Erdoğan Bey, siz bir ayda iki heykel bile yapabilirsiniz," dedi kadın neşeyle atölyeye girerken. Yanındakileri tanıştırdı:

"Kayınbiraderim Coşkun," dedi kısa boylu adamı gösterip. Sonra uzunca olana dönüp; "Bu bey de Recai Bey, kocamın en eski arkadaşı, fabrikada da yönetici. Murat'la Olcay'ı tanıyorsunuz zaten,"dedi.

"Bu da eşinizin büstü. Eşinize benzeyip benzemediğini görmenizi istedim. Sandığınız kadar hızlı ilerlemeyecek hanımefendi, çünkü eşinizin yüz çizgileri çok yumuşak. Sert ve belirgin hatları olmasını tercih ederdim. En güç yüzler bu yüzlerdir, bebek gibi yumuşak, belirsiz," dedi Erdoğan büstün üstündeki naylonları kaldırırken. Hepsinin yüzlerine ayrı ayrı bakıp tepkilerini ölçmeye çalışıyordu. Gelenler hiç ses çıkarmadan, hatta yüzlerindeki ifadede pek değişiklik olmadan dikkatle büstü inceliyorlardı. Birkaç dakikalık bir sessizlikten sonra Nazlı Hanım ağır ağır:

"Benzemesine benzemiş gibi, ama ne bileyim bir şey var, bir şey var ki ona yabancı. Anlamaya çalışıyorum, anlayamıyorum." dedi. Bir yandan da büstün çevresinde dönüyordu.

"Alnı sanırım," diye katıldı uzun boylu adam kadının sözüne. Erdoğan duvardaki resimleri gösterdi.

"Dikkatle ölçtüm, oranladım. Gelin şu profilden çekilmiş resme bakın sonra da çamurun profiliyle karşılaştırın beyefendi," dedi ve bir resmi duvardan alarak, adama uzattı. Adam, resmi eline aldı, heykelin yanına gitti aynı açıdan dikkatle inceledi. Kız:

"Babam daha yumuşak bakardı, bu biraz sert bakışlı mı olmuş acaba anne?" diye sordu kadına.

"Sana yumuşak bakardı, bana değil." diye atıldı oğlan. "Bence bakışları yumuşak bile olmuş."

Erdoğan gülümsedi, bir şey söylemedi.

İş arkadaşı olan adam, elinde fotoğraf, düşüncesini söylemek istiyor gibi bir hareket yaptı ama sustu. Kadın bunu fark etmişti.

"Ne diyorsunuz Recai Bey, siz onu kırk yıldır tanırdınız," dedi adama dönerek.

"Bilmiyorum ki, çok güç aslında. Evet benzemiş ama dediğiniz gibi bir şey eksik Nazlı Hanım," dedi Recai Bey.

Kayınbirader sıkılmıştı.

"Eksiği meksiği yok yahu, bu ağabeyim işte. Daha nasıl olsun. Erdoğan Bey Allah değil ki bir de can versin. Canı eksik işte; hepsi o kadar," dedi. Sonra Erdoğan'a dönerek: "Bakmayın bunlara, gayet güzel benzemiş işte. Ancak bu kadar olur. Önemli olan fabrikaya dikilmesi ağabeyimin heykelinin. Altına nasıl olsa adı yazılacak. Bizler öldükten sonra kim bakacak da benziyormuş, benzemiyormuş diyecek? Devam edin kardeşim," dedi çelebi bir tavırla.

Kadın bu sözlere kızmıştı, yüzü kızardı ama bir şey söylemedi. Kız:

"Amca ama olur mu, babama tam benzemezse ben nasıl ona babamın heykeli diyeceğim. Bence bakışlarının biraz daha yumuşak olması gerek. Üstelik babacığımın kulakları bu kadar büyük değildi," dedi. Bunun üzerine annesi heykelin yanına geldi, karşısında durdu, iki elini heykelin kulaklarına götürdü, kulakları incitmemeye çalışarak kavradı. İş arkadaşı adam başını başka tarafa çevirdi, bunu görmezden geldi. Kadın kulakları bir süre okşar gibi tuttu:

"Sanmıyorum, büyük değil, hemen hemen aynı boyda," dedi. Sonra, bir elini büstün ensesine doğru hafifçe kaydırdı, okşadı:

"Ensesi, boynu da gerçeğe uygun gibi olmuş, ama yüzünde yine de bir şey var," dedi ağır ağır.

Kayınbirader acele ediyordu.

"Haydi, gidelim, fabrikada yapılacak iş dolu. Erdoğan Bey, elinize sağlık gayet güzel olmuş. Siz işinizi tamamlayın, fazla da ayrıntılara bakmayın," dedi, Erdoğan'a elini uzatırken. Sonra, hızlı hızlı arabasına doğru yürüdü. Murat'la Recai Bey de ardından gittiler; ama anne ve kız biraz oyalandılar. Ötekiler uzaklaşınca kadın:

"Siz onu dinlemeyin Erdoğan Bey," dedi. "O eşim gibi değildir. Biraz duygusuzdur. Böyle şeylere önem vermez. Ben bu heykelin eşimin aynısı olmasını istiyorum. Kızımın dediği doğru. Fabrikada binin üzerinde işçi var. Hepsi eşimi çok severdi. Onlara da yabancı gelmesin heykel." Sonra bir an duraladı; aklına gelmiş gibi:

"İsterseniz ben size başka fotoğraflar da getireyim, onlara da bakın,"dedi.

Erdoğan:

"İyi olur, ama ben yarın mermerin kabasını almaya başlayacağım. Bu büstte çok hata yoksa mermeri biraz çalışırım bu arada. Sizin fotoğraflardan da rötuş sırasında yararlanırım," dedi kadına. Kadınla kızı teşekkür ederek ayrıldılar.

Ertesi gün Erdoğan, maskesini takmış, taşın üzerine çizdiği ana parçaları motor ile kesmeye başlamıştı. Esen hafif rüzgâr taştan çıkan tozu oraya buraya savuruyordu.

İsmail, gözünde yedek maske, biraz uzakta duruyor, Erdoğan'ın söyleyeceklerini bekliyordu. Birkaç saat içinde köşe parçalar atıldıktan sonra kafaya benzer kabataslak bir kütle belirmişti. Ama Erdoğan da epeyce yorulmuştu. Titreşimden eli uyuşmuştu. Motoru yere koydu, bir sandalye çekip taşın karşısına oturdu. O sırada İsmail:

"Ağbi arka taraftan bir kadın geliyor," diye seslendi, durduğu yerden. Erdoğan çalışma tulumuna birkaç kez eliyle vurdu, üstünden tozlar havalandı. Birkaç saniye sonra bir kadın sesi duyuldu:

"Şey affedersiniz, Erdoğan Bey siz misiniz acaba?" Gözünde koyu renk gözlükler olan, şık giyimli genç bir kadındı. Sarı uzun saçları rüzgârda uçuşuyordu.

"Galiba Kenan Bey'in heykelini siz yapıyor muşsunuz, öyle mi," dedi. Biraz çekingen duruyordu.

"Dün Recai Bey bana söyledi de... Bir gidip bak bakalım, benziyor mu sence, dedi bana, o yüzden geldim... Umarım rahatsız etmiyorumdur."

Erdoğan kadına şöyle bir baktı, kadın çok güzeldi. Dar elbisesinin altında çok düzgün bir vücudu olduğu anlaşılıyordu.

"Siz manken misiniz yoksa?" diye sordu, şaka yollu. Aslında bu hiç yapmadığı bir şeydi. Tanıdığı kadınlara bile şaka yapmaktan çekinirdi. Ama kızın duruşu, tavrı Erdoğan'ın kendiliğinden böyle demesine neden olmuştu sanki. Kız gülümsedi:

"Evet aslında mankenlik yapıyordum ama Kenan..." durdu, toparlandı.

"İstemedi mi Kenan Bey?" diye sordu Erdoğan cana yakın bir bakışla. Kendi sorusuna kendisi şaşmıştı.

Kız ciddiyetini korumaya çalışıyordu ama her an gevşemeye hazırdı sanki. Erdoğan, kızı savunmasız, açık, sıcak bulmuştu. Üstüne gitmeye başladı:

"Siz Kenan Bey'in nesi oluyordunuz; sekreteri filan mıydınız?"

"Şey, arkadaşıydım aslında, ama..."

"Anladım. Özel bir arkadaşıydınız Kenan Bey'in. Recai Bey mi size gelmenizi söyledi?"

"Evet, Recai Bey'le çok eskiden tanışırız. Bana yaptığınız heykelin neresinin benzemediğini belki bulabileceğimi söyledi; herkes gelip bakmış galiba, ben de bakayım dedim. Sizin için bir sakıncası yoksa tabii," dedi kız.

"Ne sakıncası olabilir, yardımınız sayesinde belki müşterilerimi memnun ederim. Bakın bakalım ne diyeceksiniz," dedi Erdoğan. Bu arada, kıza yol göstermiş, atölyeye girmişlerdi. İsmail, uzaktan izliyor, yaklaşmıyordu. Kız, İsmail'e merhaba, dedi eliyle küçük bir hareket yaparak. İsmail de başını sallayıp hoş geldiniz, dedi yarım yamalak. Çamur büstün üstündeki naylonlar kalkınca kız kendini tutamayıp gülmeye başladı.

"Niye gülüyorsunuz?" dedi Erdoğan kıza.

"Nasıl gülmeyeyim, tabii ki dudakları benzememiş. Bunu bilemedi mi o kadar insan?" Bunu sorarken saçlarını arkaya savurmuş, işte bak, ben Kenan'ı herkesten iyi tanırım dercesine bir ifade takınmıştı.

"Nesi var dudaklarının?"

"Siz hiç onun konuşmasını duymadınız mı?

"Nereden duyayım, ben onu tanımazdım ki. Eşi getirdi bu fotoğrafları."

"Bakın bütün fotoğraflarda adamcağızın ağzı kapalı. Hep poz vermiş. Bendeki fotoğrafları getireyim de onun doğal halini görün. Konuşurken, gülerken ağzının nasıl hareket aldığını. Adamcağız benim yanımda yaşıyordu, bunların yanında yaşamıyor sanki ölüyordu. Zaten ailecek onlar öldürdüler Kenancığımı." Bunları söylerken gözleri dolmaya başlamıştı.

"Eşini tanıyor musunuz?" diye sordu Erdoğan.

"Tanımaz mıyım, hem de çok iyi tanırım. Kenan ne kadar mutsuz olduğunu, o cadının neler yaptığını hep anlatırdı bana. Adamın parasından başka bir düşündükleri yoktu ki. Kızı da, oğlu da öyle. Yalnızca sömürdüler Kenan'ı. Sonunda kalbi iflas etti adamın."

"Peki eşi sizi tanıyor mu?" diye sordu bu kez Erdoğan.

"Hayır, tanımaz. Kenan'ın ölümü çok ani oldu. Yoksa ileride boşanıp benimle evlenecekti. İyi ki Recai Bey var. Benim haksızlığa uğramamı o önleyecek," dedi kız.

Erdoğan kızın adamın metresi olduğunu anlamıştı. Demek Recai denen adam bundan sonra Kenan Bey'in yerine üstlenecekti bu işi. Kızın saf hali Erdoğan'da kızla şakalaşma duygusu uyandırıyordu.

"Kenan Bey zevkli adammış," dedi kıza.

"Evet çok zevkliydi. Evimizi görmelisiniz, o kadar güzel eşyalar almıştı ki. Hiç eli boş gelmezdi. Onun gelişini iple çekerdim. Bana, benim küçük kelebeğim derdi." Sonra gözleri doldu, "Ama artık yok, bana küçük kelebeğim diyemeyecek," dedi çantasından mendil çıkarırken.

Erdoğan kızın haline acımıştı. Bu güzellikle ortada kalmayacağı belliydi ama bir kadının böyle yaşaması onu her zaman rahatsız etmişti. Onun açısından bakacak olursa bir başka yaşam gerçeği ile karşılaşacağını, çaresizliklerin, zorunlulukların insanı istemediği yerlere sürükleyebileceğini düşündü. Ama şu anda hiç kimsenin sorunu ile uğraşamazdı. Bu güzel kızı dinleyecek zamanı yoktu. Yine de dayanamadı sordu:

"Recai Bey, sizin ilişkinizi biliyor, öyle mi?" Bu sorunun aptalca olduğu belliydi ama konuya başka türlü giremezdi.

"Biliyor tabii. Recai Bey Kenancığımın en eski arkadaşı. Birlikte büyümüşler. Ne maceraları var bilseniz..." Kız gülümsemeye başlamıştı bunları söylerken. "Söz aramızda, Recai de benim bir arkadaşımla birlikte. Şu kadınlar ne aptal değil mi? Kocalarının sevgilileri olmayı beceremeyince adamlar başka sevgili buluyorlar. Ben evli olsaydım Kenan'la, onu bir dakika bırakmazdım. Ne isterse yapardım. Çünkü ben onun ne istediğini biliyordum."

Kızın konuşması Erdoğan'ı sıkmaya başlamıştı. "Bu kadar güzel bir kadının iyi ki aklı yok," diye geçirdi içinden. "Bir de zeki olsaydı, dünyanın başına dert olurdu."

"Sizce dudakları mı olmamış," diye sordu kıza, konuyu değiştirmek için.

"Bir dakika," dedi kız büstün yanına yaklaşıp. Sonra, büstün dudaklarında parmaklarını gezdirdi, yanaklarını okşadı. Bunları yaparken gözlerini kapamıştı. Erdoğan'ın içi bir hoş olmuştu kızın ince, biçimli parmaklarının büstün dudaklarında gezinişini izlerken.

"Ne kadar soğuk," dedi kız gözlerini açıp. "İnsan dokunurken irkiliyor."

"Islak çamur elbette," dedi Erdoğan.

"Aslında öpmem lazım tam olarak anlayabilmem için, ama çamuru öpemem," dedi kız.

Erdoğan gülmemek için kendini zor tuttu.

"Nasıl anlayacağız o zaman dudaklarının benzeyip benzemediğini?" dedi kıza.

"Benzer canım," dedi kız. "Ben size düzelteyim." Erdoğan'ın, aman sakın, demesine meydan kalmadan kız parmaklarını dudağın üstüne bastırmış hafifçe bükmüştü. Alt dudağın aşağı bükülmesiyle büstün yüzü acıklı bir hal almıştı. Kız kahkahalarla gülmeye başladı.

"İşte Kenoş üzülünce böyle yapardı şakadan. İstediğini ona vermeyince böyle büzerdi dudaklarını, ah canım benim," dedi ellerini çocuk gibi çırparak.

Erdoğan'ın canı sıkılmıştı.

"Tamam küçük hanım," dedi ciddiyetle. "Lütfen dokunmayın bir daha. Bunun ne kadar güç bir iş olduğunu biliyor musunuz. Ben o dudakları bu hale getirmek için en az üç saat çalıştım, siz bir dokunuşta bozdunuz."

"Kız üzülmüştü. Erdoğan'ı yatıştırabileceğini düşünüp, gözlerinin içine bakarak:

"Eski haline getirmek için size yardım edebilseydim keşke," dedi fısıltıyla ve işveyle.

Erdoğan kızın bakışından etkilenir gibi oldu, ama kendini çabuk topladı. "Ben yaparım," dedi kızı kolundan tutup heykelden uzaklaştırırken.

Kız gitmesi gerektiğini anlamıştı. Kapıda:

"İşinizi bozduğum için özür dilerim Erdoğan Bey, ama çok merak etmiştim Recai bana heykelden söz edince. Yine görüşürüz umarım," dedi elini uzatırken.

Erdoğan kızın arkasından bakarken İsmail yanına gelmişti.

"Ne kız be ağbi değil mi?" dedi imrenerek. Bu zenginler ne şanslı oluyor. Şöyle bir karısı olsa insanın dünya cennet olur valla."

"Cennet mi, cehennem mi acaba?" dedi Erdoğan başını sallayıp.

Büstün dudağında kızın parmak izi kalmıştı. Erdoğan dokunmadan önce şöyle bir baktı: "Aslında bunu hiç düzeltmemeli," dedi içinden "Kenan Bey'i mutlu ederdi bu dokunuş eminim. Bu kadarcık hakkı da var kızın ayrıca." Sonra on dakikada dudağı eski haline getirdi. Kızın parmak izini yok ederken içini bir hüzün kaplamıştı.

Sonraki birkaç gün içinde Erdoğan mermeri epeyce işlemiş, Kenan Bey'e henüz benzemeyen ama insan başı olduğu anlaşılan bir kütle ortaya çıkmıştı. Bütün ile oranlandığında başın büyüklüğü iyiydi. Kenan Bey'in karısı ve çocukları Recai Bey'le birlikte atölyeye geldiklerinde birkaç fotoğraf daha getirmişlerdi. Recai Bey bir ara ötekiler fark etmeden Erdoğan'ın kulağına eğilmiş:

"Geçen gün için özür dilerim, sonra bir ara konuşacağım sizinle; ama bunu kimse bilmesin lütfen," demişti. Erdoğan'ın zaten bunu kimseye anlatmak gibi bir düşüncesi yoktu. Başıyla onaylamakla yetindi.

Nazlı Hanım:

"A, bu kez olmuş işte. Siz bunun üzerinde biraz daha çalışmışsınız Erdoğan Bey, bu defa benzemiş gerçekten, değil mi çocuklar?" dedi çamur modele bakıp. Sonra mermerin yanına gitti:

"Bu da iyi olacak sanırım," dedi, daha belirsiz haldeki başı gösterip.

"Umarım, ama asıl güç olan şimdi başlıyor hanımefendi," dedi Erdoğan. "Bakalım altından kalkabilecek miyim bu işin."

"Yapacaksınız Erdoğan Bey, ben size inanıyorum," diye moral vermeye çalıştı kadın. "Hem sonra nasıl olsa çamur model bitti, garantimiz var. Kendinizi sıkmadan çalışın."

İsmail'le yalnız kaldıklarında Erdoğan:

"Ah İsmail, ah, bu işi kolay sanıyorlar. Her insanın iki gözü, iki kulağı var, ama bunların büyüklüklerinin, duruşlarının, biçimlerinin, birbirine oranlarının yarattığı farkın bu dünyadaki altı milyar insanın birbirine benzememesinin nedeni olduğunu düşünemiyorlar. Şu tam benzemedi dedikleri çamur büst var ya, tüm dünyayı dolaşsak emin ol, bir başkasının birebir kopyası olduğunu görürsün. Bir de bunu mermerden oymak var. Laf aramızda Allah insanı çamurdan şekillendirmiş diyorlar ya, o bile mermerden yapmaya cesaret edememiştir de ondan," dedi.

İsmail:

"Haklısın ağbi, bir balık yapayım dedim geçen gün bir şeye benzetemedim valla. Sen çok iyi sanatçısın o zaman anladım," dedi gülerek.

Balık deyince Erdoğan kaç gün önce İsmail'i oyalamak için verdiği çamuru anımsadı. Tamamen unutmuştu bunu. Hoş İsmail de birkaç saatlik bir çalışmadan sonra, büst işi başladı diye balığı naylonlamış, bir rafa kaldırmıştı.

"Yahu sahi ne yaptın sen o işi be İsmail? Bak seni unuttuk, ne ayıp ettik gördün mü," diye çocuğun gönlünü almaya çalıştı Erdoğan.

"Olur mu ağbi, işe başladık, ben bile unuttum onu. Bir şeyler yapmıştım işte," dedi önemsemeyerek İsmail.

"Çıkar bir bakalım," dedi Erdoğan. Aslında merak da etmişti ne yaptığını. İsmail naylona sarılmış çamuru raftan dikkatlice aldı, masanın üstüne koydu, naylonları açtı. İçinden koca ağızlı, geniş gövdeli, küçük kuyruklu bir yaratık çıkmıştı.

"Vay vay, fener galiba ha?" diye sordu Erdoğan.

"Belli oluyor mu ağbi?" dedi İsmail keyifle. "Benzemiş mi?"

"Benzemez mi İsmail, ne güzel olmuş. Vakit bulunca biraz daha çalış üstünde. Ben de yardım ederim sana," dedi Erdoğan, sonra:

"Neden denizlerin en eskiden kalmış yaratığını yaptın da bir başka balık yapmadın? Şöyle kıvrak bir lüfer yapsaydın, ya da torpil gibi bir kefal, ya da hani şu geçen günkü gibi baba bir eşkina yapsaydın ya," dedi çocuğun yüzüne bakıp.

"Ağbi, düşündüm de, ayakta durduramam diye yapmadım. Bu garibim bak, kumda yatar gibi yatar koydun mu. Anlayacağın kolayıma geldi. Bir de zaten Allahına yan bakıyor tipi. Felek her yandan vurmuş. Ben benzetemesem bile bana darılmaz dedim."

"Ne alemsin be İsmail, ama uğraşsan becereceksin bu işi," dedi Erdoğan çocuğa moral vermek için.

Ertesi günler mermerin başında geçti. Bir ara Erdoğan kesme motorunu bırakmış, omuzlara gelen bölümde elini alıştırmak için keski ve çekiçle çalışmaya başlamıştı. İlk birkaç vuruştan sonra taşın alışık olmadığı bir ses verdiğini fark etti. Bu kadar yıldır mermer oymuştu, hangi mermerin keskiye ne kadar dayandığını, her vuruş biçiminde nasıl bir ses çıktığını artık öylesine biliyordu ki, çıkan sesi garipsedi. Kulağını taşa dayadı, çekicin geniş tarafıyla hafif hafif taşa dokunmaya başladı. İsmail onun bu haline bakıp şaka yapmak istedi:

"Ne o ağbi tanımaya mı çalışıyorsun hâlâ taşı?" dedi gülerek.

Erdoğan parmağını dudağına götürüp sus, dedi İsmail'e. İsmail meraklanıp yanına gelmişti Erdoğan'ın. Sessizce bekledi konuşmasını.

"İsmail, bu taşın içinde bir gariplik var. Ya boşluk var ya da bir başka kaya var içinde. Tevekkeli bu taşçı çok pazarlık yapmadı. Defolu oğlum bu taş," dedi kızgınlıkla. İsmail:

"Boşluk olursa ne olur ağbi?" diye sordu merakla.

"Patlar be oğlum," diye yanıtladı Erdoğan. "Çekici vurdun mu patlar gider. Damarı olsaydı şimdiye çoktan yarılmıştı." Canı sıkılmıştı. Ağız dolusu küfretti, elindeki çekiçle keskiyi yere fırlattı. İsmail koştu aletleri yerden alıp yanda duran sehpanın üstüne koydu. Sessizce Erdoğan'ın sakinleşmesini bekledi.

"Bir sigaran var mı İsmail?" diye sordu Erdoğan.

"Ağbi başlama yine, daha yeni bıraktın,"dedi İsmail yavaşça.

"Doğru," dedi, kafasını kaşırken Erdoğan. "Ne yapacağız be şimdi?" diye çaresizliğini dile getirdi.

"Bizim taksici Ömer arabası teklemeye başladığında, nerde tırak orda bırak diyordu ağbi" dedi İsmail. "Sen de patladığı yerde bırakırsın. Belki patlamaz usul usul vurursan."

"Neyse, aslında keserek de girerim, motora ince uç takıp bitiririm ama, işin sonunda keskinin dokusunu isteyecek taş yakada, boyunda, omuzlarda. O zaman patlarsa kötü olur," dedi Erdoğan. Kızgınlığı geçmeye başlamış, sorunu nasıl çözebileceğini düşünüyordu.

"Ne kadar cidarımız var acaba?" diye sordu kendi kendine. Sonra yine kendisi yanıtladı.

"Çok büyük bir boşluk olduğunu sanmıyorum, ama tam olarak hangi bölgede? Acaba içinde bir başka taş mı var, yoksa tamamen mi boş? Nasıl anlarız bunu?" yüksek sesle düşünüyordu. İsmail yaklaşmış taşa eliyle vuruyor, duyacakmış gibi kulağını dayıyordu. Erdoğan çekici eline aldı taşa yaklaştı.

"Daya kulağını İsmail," dedi, kendisi de kulağını dayarken. İsmail kulağını taşa yapıştırdı. Erdoğan küçük küçük vurmaya başladı. Bir yere gelince durdu.

"Dinle," dedi İsmail'e. Bak şu sesi duyuyor musun? Bu taşın dolu olduğunu gösteriyor. Şimdi bir başka yere vuracağım ses değişecek." Çekici kaydırdı, bir noktaya küçük küçük vurdu. İsmail:

"Ağbi boş teneke gibi ses çıkarıyor bu yahu," dedi şaşkınlıkla.

"O kadar da değil oğlum," dedi Erdoğan gülerek. "Burada küçük bir boşluk var. Biraz daha inelim bakalım." Yarım saate yakın bir süre Erdoğan'la İsmail kulakları taşa yapışık taşın çevresinde çekiç seslerini dinleyerek dönüp durdular.

Erdoğan yorulmuştu. Bir sandalye çekti oturdu. İsmail de küçük tabureyi alıp yanına oturdu. Yavaşça: "Ağbi be, senin canın çok sıkıldı," dedi. "Bak hava yarın sabah çok güzel olacak. Bulutlardan belli. Gel eve gitme bu gece, burada yat, sabah erkenden birlikte balığa çıkalım. İçin ferahlar. Çoktandır denize gelmedin benimle." Erdoğan önce hayır diyecek oldu, sonra düşündü, buna gerçekten gereksinimi vardı. İşi paydos ettiler, birlikte Çaycı Ali'nin oraya gittiler.

Ali, Erdoğan'ın yüzünün asıklığından ters bir şeyler olduğunu anlamıştı.

"Hayırdır ağbi?" dedi Erdoğan'ın yüzüne bakıp. İsmail atıldı:

"Taş boş çıktı be Ali ağbi," dedi çalımla. Erdoğan bir masaya oturdu:

"Bize iki çay ver bakalım," dedi sakin bir sesle.

"Hangi taş, siyah taş mı?" diye sordu Ali.

"Ta kendisi ağbi," dedi İsmail yine. Sonra, Erdoğan'ın taştaki boşlukla ilgili söylediği başa gelebilecek şeyleri çoktandır biliyormuşçasına anlatmaya başladı. Zaten Erdoğan pek konuşmak istemiyordu. İsmail'e ses çıkarmadı, ara sıra söylediklerine onay verdi, önündeki gazeteye göz gezdirirken.

Ertesi gün öğleye doğru balıktan döndüler. Bereketli bir av olmuştu. İsmail her yakaladığı iri balıkta: "Ağbi senin kısmetin," demişti.

Atölyeye geldiklerinde Erdoğan'ın sinirleri yine gerilmişti. Taştaki boşluk aklını kurcalıyor, eline alet almak istemiyordu. Bahçeyi dolaştı, ağaçlara baktı, atölyede oraya buraya dağılmış eşyaları topladı, sıkıntısından, aç olmadığı halde buzdolabında bulduğu ufak tefek şeyleri atıştırdı. İsmail geldiğinde tembel tembel kapının önünde oturuyordu. "Ağbi, müşteriler geliyor," dedi İsmail. "Köyde alışveriş yapıyorlardı bizim tornacı Hasan'dan. Beni görünce seni sordular, atölyede dedim. Birazdan geleceklermiş."

Erdoğan keskiyle çekici eline aldı, taşın başına gitti. Çalışmadan durmakla, ödevini yapmamış bir öğrenci gibi duyumsamıştı kendini. Laf olsun diye birkaç keski girdi ufak ufak. Birkaç dakika sonra Kenan Bey'in karısı, çocukları ve kardeşi, atölyenin arkasında arabalarından indiler. Erdoğan, yanına gelmelerini bekledi konukların. Kadın, gülümseyerek yaklaştı en önde. Elini uzatırken Erdoğan'ın yüzündeki ciddiyeti fark etti.

"Hayırdır inşallah Erdoğan Bey, pek keyifli görünmüyorsunuz," dedi, soran bakışlarla. Erdoğan söyleyip söylememek konusunda kararsız kaldı. Sonra olan biteni anlattı. Kadın çok üzülmüştü. Coşkun Bey ise dikkatle dinliyordu. Erdoğan'a:

"Taşın içinde boşluk olup olmadığını ya da içerideki yapının toprak mı kaya mı olduğunu anlamak pek güç bir iş değil Erdoğan Bey," dedi, sakince.

"Nasıl?" diye sordu Erdoğan.

"Biz bunu çok daha büyük boyutlarda uyguluyoruz. Ultrason yöntemiyle. Ben hemen bugün fabrikadan bir mühendis göndereyim size taşın içinde ne olduğunu film çeker gibi bakıp göstersin," dedi adam. Erdoğan çok sevinmişti.

"Ayrıca," dedi Coşkun Bey, "baktık ki içinde size güçlük çıkaracak bir boşluk var, bu taşın dokusuna yakın bir hamur yapar içine doldururuz. Böylelikle direnç de kazanır."

"Kaynaşır mı peki taşla bu hamur?" diye sordu Erdoğan heyecanla.

Coşkun Bey, elini Erdoğan'ın omzuna babacan bir tavırla vurdu:

"Orasını bize bırakın, biz aklınıza gelebilecek tüm doğal ve yapay malzemelerde bunu uygulayabiliyoruz," dedi kendine güvenen bir tavırla.

Öğleden sonra büyücek bir minibüs atölyenin arkasına geldi; toprak alandan geçip çardağın yanında durdu. İçinden Kenan Bey'in oğlu Murat'la birlikte iki adam indi.

Murat:

"Erdoğan ağabey, size tanıştırayım, yolu bulmaları güç olmasın diye ben getirdim mühendis beyleri," dedi gelen adamları tanıştırırken.

Mühendisler zaman yitirmemek için hemen işe koyuldular. Minibüsten birkaç ekran, bir bilgisayar klavyesi ve Erdoğan'ın hiç tanımadığı bazı cihazlar indirdiler hep birlikte. İsmail uzun elektrik kablosunu getirmişti. Adamlar istemediler. Kabloları uzatıp minibüsün arkasındaki jeneratöre bağladılar. Erdoğan adamları dikkatle izlemeye başladı. Ellerindeki sigara paketi büyüklüğünde arkası uzun dedektörleri taşın yüzeyinde gezdiriyorlar, ara sıra bilgisayar klavyesinde bazı tuşlara dokunuyorlardı. Yaklaşık on, on beş dakika sonra cihazları topladılar, ekranın başına geçtiler. Sonra adamlardan biri Erdoğan'a görüntü üzerinde açıklamalar yapmaya başladı. Taşın dört bir yanından çekilmiş görüntülerini birleştirince içerdeki boşluğun biçimi ekranda belirdi. Erdoğan şaşkınlıktan kalakalmıştı. Bu, asker miğferine benzer bir boşluktu. Adamlar şaşırmamışlardı. "Evet, büyük olasılıkla bir kaplumbağa kabuğu," dediler. Kayanın oluşumu sırasında hava yapmış, yine büyük olasılıkla o arada yanmış, ufalanmıştır. Bunları çok görüyoruz. Gördüğünüz gibi kabuğun altında neredeyse tabana kadar inen bir boşluk daha var. Bu da rastlanan bir şey. İsterseniz alttan küçük bir delik açıp rahatlıkla içini doldururuz."

"Sizce yontarken bu boşluk bir sorun yaratır mı?" diye sordu Erdoğan.

"Sanmıyorum," diye yanıtladı adamlardan biri. "Bir defa bu taş gördüğünüz gibi yumuşak ve damarsız. Vurduğunuzda çatlaması pek kolay görünmüyor. Ekranda da belli oluyor bu."

"Evet, keserken fark ettim ama içini bilmediğim için korkuyordum. Şimdi taşın tam neresinde boşluk olduğunu üzerine çizebilirsek daha iyi görürüm. İçeriden şu beyaz plastik boyayı getirsene İsmail," dedi Erdoğan.

Adamların tarifine ve ekrandaki görüntüye bakarak Erdoğan ince bir fırçayla boşluğun iz düşümlerini taşın dört yüzüne çizdi.

"Bu hesaba göre," dedi Erdoğan, "ortadan aşağıya fazlaca inmezsek patlama tehlikesi yok. Yine de içini doldurursak sanki daha güvenli olacak."

"Amcama söylerim, o gerekeni yaptırır," dedi Murat.

Adamlar eşyalarını toparlayıp gittikten sonra Erdoğan İsmail'e:

"Teknolojiyi görüyor musun, biz de bir şey biliyoruz sanıyorduk. Adamlar taşın röntgenini çekiyorlar oğlum," dedi, gıptayla.

Ertesi gün Coşkun Bey bir adamla birlikte fabrikanın arabasıyla geldi. Adam, Erdoğan'ın daha önce taştan kestiği, çevreye saçılmış parçalardan biraz toplayıp bir torbaya koydu. Sonra, heykelin üstünde çizilmiş olan boşluğun izdüşümünü inceleyip Erdoğan'a:

"Acaba çıkan parçaların hepsini toplayabilir miyiz? Dolgu hamurunu kendisinden yaparsak daha iyi olacak. Zaten yeteri kadar ıskarta çıkmış," dedi. İsmail'in yardımıyla taşın parçaları toplandı, parça parça arabaya taşınıp bagajdaki bir tahta kutuya dolduruldu. Bu süre içinde Coşkun Bey taşın üzerindeki çizgileri incelemişti.

"Siz bu arada heykelin yüzünde çalışın Erdoğan Bey, bizim bu hamuru hazırlamamız birkaç gün alır," dedi adam otomobile binip giderken.

Zaman azaldığından Erdoğan telaş içindeydi. "Taşın patlayacağını sanmıyorum," demişti Coşkun Bey'e; ama yine de dikkatlice çalışıyordu. Sonraki üç günde İsmail'in her türlü ayak işine koşması sayesinde, Erdoğan heykelin yüzünde epeyce ilerlemişti.

"Oğlum İsmail," diyordu ara sıra, "Ben Zümrüdüanka'yım şimdi, sen sırtımdaki Keloğlan. Şu Kafdağı'na varıncaya kadar hak dedim mi su, huk dedim mi ekmek vereceksin ki bana durmadan uçayım." Artık Kenan Bey'i tanır gibi olmuştu. Ara sıra heykelle konuşuyor, ona sorular soruyor, yanıtlarını kendisi veriyordu. İsmail bu konuşmayı duydukça kıs kıs gülüyor:

"Erdoğan ağbi kafayı oynatmadan şu iş bitecek mi acaba?" diyordu Çaycı Ali'ye.

Bir sabah erken saatlerde arkada bir taksinin durduğunu, taksiden Nazlı Hanım'ın indiğini gördüler. Kadın ilk kez yalnız geliyordu. Yine yüzünde gülümsemesi vardı; bu kez bir eşofman giymişti.

"Erdoğan Bey, sizinle biraz yalnız konuşmam gerekiyor," dedi İsmail'e bakarak. İsmail:

"Ağbi ben Ali'nin oraya gidiyorum, sen çay isteyince bana ayna tut, tamam mı," dedi gözünü kırpıp Erdoğan'ın bir şey söylemesine gerek bırakmadan.

Kadın doğrudan söze girdi.

"Murat bana taşın içindeki boşluğun doldurulacağını söyledi," dedi.

"Evet," diye onayladı Erdoğan. Kadın elini cebine soktu, küçük bir kutu çıkardı, kutuyu açtı. İçinde iki alyans vardı. İki kol düğmesi, iki de küpe. Bir küpeyle bir kol düğmesi birbirine yapışık gibi duruyordu.

"Bu isteğim size saçma gelecek belki ama doldurulmadan bunları taşın içine koymanızı istiyorum sizden. Çocuklarım, hele Coşkun bunu öğrenseler benimle alay ederler; ama bu benim için çok önemli. Bu yüzden bugün yalnız geldim," dedi. Erdoğan şaşırmıştı. Yüzündeki soru ifadesi üzerine kadın açıklama gereği duydu.

"Biz Kenan'la bir baloda tanıştık. Onun kolunda bu kol düğmeleri vardı, bende bu küpeler. Dans ediyorduk. Daha beş dakika önce bizi Recai Bey tanıştırmıştı. Babam Recai Bey'le Kenan'ı bir kulüpten tanıyordu. Recai Bey bize birkaç kez gelip gitmişti. Kenan'ı o gece baloya benimle tanıştırmak için yanında getirdiğini sonradan öğrendim; ama bu bizim karşılaştığımız rastlantının yanında önemsiz kalır. Kenan'la dansa kalkmıştık. Bir ara yüzüme düşen saçı düzeltmek istedi sol eliyle, ama benim elimi de bırakmamıştı. Nasıl olduysa kol düğmesi küpeme takıldı. Öylesine garip takılmıştı ki dansı kesip oturmak zorunda kaldık. O telaşla çıkarmaya çalışırken canım yanıyordu. Sonunda o kol düğmesini çıkardı, ben kulağımdan küpeyi. Ama ikisini birbirinden ayıramadık. Sonra bütün gece bununla uğraşacak değiliz ya deyip cebine attı Kenan. Bu bizim hemen ertesi gün buluşmamızı da sağladı. Çünkü Kenan ertesi sabah arayıp, küpemi geri vermek istediğini söyledi. Ben de hoşlanmıştım ondan, buluştuk. Geldiğinde cebinden bunları çıkardı ve ayıramadığını söyledi. Aslında ayırmasına ayırmış da, benimle buluşmadan önce aklına gelmiş, bir kuyumcuya gitmiş, bunları birbirinden ayrılamayacak şekilde kestirip kaynak yaptırmış. Oynadığı bu oyunu bana evlendiğimiz gece söyledi. Görüyorsunuz kol düğmesinin küpenin bu boşluğundan çıkması mümkün değil," dedi küpeyle kol düğmesini gösterip. Erdoğan'ın çok hoşuna gitmişti bu. Kadın devam etti:

"Bunlar da tahmin edebileceğiniz gibi ilk alyanslarımız. Daha güzel alyanslar da aldı Kenan ama, ben bunları hep sakladım. Bunları mezara da koyabilirdim ama hırsızlardan korktum. Gördüğünüz gibi hepsi pırlanta. Böyle bir şeyi duyarlarsa çocuklarım güler, Coşkun da dudak büker, küçümser, aşırı duygusallık olarak görür. Sizin beni anlayacağınızdan eminim. Ben öldükten sonra bunları belki çocuklarım biraz daha saklar ama sonra kim bilir ne olurlar. Bana en uzun yaşayacak olan bu heykelmiş gibi geliyor. Lütfen, sizden çok rica ediyorum, bu iki alyansı ve kaynaşmış olan küpeyle kol düğmesini, doldurulmadan önce kimseye göstermeden koyun o taşın içine. Öbür çifti de ben saklayacağım. Bugün buraya geldiğimi hiçbirine söylemeyin, çocuklarıma da. Spor salonundan çıkıp bir taksiye atladım geldim. Hemen dönmem lazım,"

Nazlı Hanım'ın ardından içini hüzün kapladı Erdoğan'ın. Kadını çok sevmişti. Duygulu bir insan olduğu belliydi. Kocasına duyduğu aşkı kimseyle paylaşmadan sürdürmüştü belli ki. Kim bilir ne güzel sözler söylemişlerdir birbirlerine, dünyanın her köşesini gezmişlerdir, belki bir okyanus adasında kol düğmesi ile küpenin hikâyesini yeniden anımsayıp batan güne karşı şaraplarını yudumlamışlardır, diye düşündü Erdoğan, Kenan Bey'le Nazlı Hanım'ı, tüm zenginlikleri içinde düşleyerek. Kadının gittiğini kahvenin camından gören İsmail koşar adımlarla geliyordu. Soluk soluğa:

"Önemli bir şey yoktur inşallah ağbi," diye sordu merak içinde.

"Valla biraz tatsızlık çıkmış. Kayınbiraderi Nazlı Hanım'a bu iş için bu kadar çok para vermemesi gerektiğini, benimle pazarlık edeceğini söylemiş. Kadıncağız da parayı kendi hesabından vereceğini, Coşkun Bey bize bir şey diyecek olursa üstünde durmamamızı söylemek için gelmiş. Sen kimseye söyleme geldiğini," dedi Erdoğan.

"Ya, ağbi şuraya bir telefon alsana, bir şey lazım olsa ta Ali'nin oraya gidiyoruz; bak kadın da açar telefonu söylerdi," dedi İsmail.

"Almam oğlum, burada başımı dinliyorum. Neye ihtiyacımız oluyor ki? Ben şehirde dertten bıkmışım zaten, buraya hayatta telefon almam," diye yanıtladı Erdoğan. İşlerinin başına döndüler.

Birkaç gün içinde heykel epeyce ilerlemişti. Yakaya başlamıştı Erdoğan. Belli belirsiz bir yaka ve kravat yapacaktı. Yüz neredeyse tamamlanmış gibiydi. Güzel bir ifade yakalamıştı Erdoğan. Biraz muzip, ama ciddi bir kişilik görülüyordu yüzde.

Öğle üzeri yine bir araba durdu atölyenin arkasında. Bu spor arabayı hemen tanımışlardı. "Ağbi kız geldi, kız!" diye fısıldadı İsmail.

"Görüyorum oğlum fazla yüz verme," dedi Erdoğan İsmail'e.

Kenan Bey'in sevgilisi uzun topukları üzerinde arkadaki toprak alanda dikkatle yürüyerek yaklaştı, atölyenin önündeki betona çıkınca ayakkabılarına baktı, topuklarına bulaşmış çamurları görünce yüzünü astı. "Bir bez var mı Erdoğan Bey," diye seslendi Erdoğan'a doğru. İsmail koşup atölyeden çamur ıslattıkları büyük bezi getirdi. Kız bezi görünce:

"Neyse önemli değil, kalsın; arabaya dönünce silerim," dedi, sonra siyah taşın yanına yaklaştı.

"Ay merhaba bile diyemedim özür dilerim," diye bir kahkaha attı; sonra Erdoğan'ın bir şey söylemesine fırsat bırakmadan: "Ay Erdoğan Bey, ne kadar güzel olmuş, aynı Kenan. Neredeyse konuşacak," dedi hayranlıkla heykelin yüzünde parmaklarını dolaştırıp. Sonra yeniden güldü;

"Bu defa bozulmaz artık dudağını tutsam da" dedi. "Vallahi o gece gözüme uyku girmedi. Geçen gün Recai ile konuşuyorduk da, bazı aksilikler olmuş galiba. Taşın içi boşmuş da çimento mu dolduracaklarmış ne? Recai bunu söyleyince benim arkadaşım Oya da: İçine ne koyacaksınız, demez mi! Oya sanat tarihi bölümünden mezun, ben liseden sonra üniversiteye giremedim; ama o çok çalışkandı. Eskiden böyle heykellerin içine ölenin bir şeylerini koyarlarmış; onları anlattı. Yoksa tabuta mı koyuyorlardı?.. Neyse canım, Oya'nın söylediği aklıma bir şey getirdi. Size söyleyebilirim diye düşündüm. Ama, şey, yalnız konuşalım mı?" Bu defa İsmail yanlarında değildi, duymamıştı bu isteği. Kız belki daha uzun kalır diye içeriye girmiş, çayı koymakla uğraşıyordu. Erdoğan seslendi:

"İsmail, şimdi çayı bırak da şu Ali'den soğuk bir şeyler alıp gel. Misafirimiz susamış."

İsmail, "Tamam ağbi," deyip kahveye koştu. Kız çantasını açtı, içinden bir ruj çıkardı.

"Kenan'ın en sevdiği rujumdu bu," dedi, ruju koklayarak. Mezarına bir şey koymaya fırsatım olmadı. Yanına yaklaşamadım bile, ama rica etsem o deliğin içine bunu koyar mısınız? Beni unutmasın istiyorum." Yüzünde utangaç bir ifade belirmişti. Bir isteğim daha var ama yanlış anlarsınız diye korkuyorum," dedi. Söylemeye çekiniyordu.

"Merak etmeyin yanlış anlamam, söyleyin," dedi

Erdoğan. Kız bu defa çantasından irice bir mücevher kutusu çıkardı.

"Bunu da açmadan koyun lütfen, dedi. Benim için çok değerlidir. Bunu çok severdi Kenan. Ama söz verin açmayacağınıza."

"Söz," dedi Erdoğan. Zaten kutunun üstü yapışkan bantla defalarca sarılmıştı. İsmail soluk soluğa geldiğinde Erdoğan'la birlikte heykeli inceliyorlardı. Kız, İsmail'in getirdiği meyve suyunu aldı teşekkür ederek. Tavrında tam bir dişilik vardı. İsmail hayran gözlerle izliyordu onu. Narin hareketlerle çantasını açıp bir sigara çıkardı, sonra çakmağını bulmak için çantasını neredeyse tümüyle boşalttı masanın üstüne. Çakmak çantanın en dibinden çıktı. Sigarasını yaktı, çıkardıklarını çantaya doldurdu özensizce. İsmail'in televizyondaki magazin programlarında gördüğü mankenlere benziyordu kız. Meyve suyunu bitirmeden pencerenin içine koydu, sigarası elinde, hoşça kalın diyerek, ellerini sıkmadan arabasına yürüdü. İsmail yine arkasından bakakaldı. Kızın arabası gözden kaybolunca:

"Beğendi mi heykeli ağbi?" diye sordu İsmail Erdoğan'a.

"Beğendi, beğendi," dedi Erdoğan başını sallayarak.

Ertesi hafta, Coşkun Bey'le Recai Bey birlikte geldiler. Yüzleri gülüyordu. "Yarın, dolgu hamurunu getiriyoruz. Biz bize küçük bir de tören yapacağız burada izniniz olursa," dedi Coşkun Bey. Erdoğan şaşırmıştı. "Ne töreni?" diye sordu.

"Sembolik bir şey," dedi Coşkun Bey. "Şu içerdeki boşluk var ya, onu doldurmadan önce içine ağabeyimin değer verdiği birkaç küçük eşyasını koyalım diyoruz. Kol saatini, dolma kalemini, gözlüklerini koymak istedik ama çocuklarla Nazlı izin vermediler. Hele Nazlı çok kızdı. Biz de fabrikanın sahibi olduğuna dair belgelerin, ehliyetinin, nüfus cüzdanının fotokopilerini koymaya karar verdik. Nazlı, buna da karşı çıktı nedense. Fabrikanın bizim aramıza girmesine izin veremem, dedi ama onu ikna ederiz nasıl olsa. Sembolik bir tören. Üstelik neredeyse bitti heykel; siz de yoruldunuz. Burada bir kutlama yapmak hepimize moral vermez mi?" İsmail'e göz kırpıp: "Senin de canın çıktı delikanlı görüyoruz," dedi gülümseyerek.

İsmail bu işe bayılmıştı. Erdoğan ne yanıt vereceğini bilemedi. Adamlar her şeyi düşünüp kararlaştırmışlardı. "Yarın öğlen gibi geliriz, siz biraz ortalığı toplayın yeter," dedi Coşkun Bey ellerini sıkıp giderken.

Ertesi sabah İsmail temiz elbiselerini giymişti. Öğleye doğru fabrikanın bir minibüsü ile kasasına vinç yüklenmiş bir kamyon atölyeye geldi; hemen arkasından da Coşkun Bey ile Recai Bey'in arabaları. Birkaç dakika içinde üç araba daha geldi peş peşe.

Gelenler işinin ehli insanlardı. En arkadaki arabadan düzgün giyimli birkaç kadınla erkek indi. Arabanın bagajından buz kutuları, tepsiler çıkardılar. Bu arada kamyondaki adamlar da inmiş, siyah taşı meşin kayışlarla sarıyorlardı. İsmail'le Erdoğan heykele bir şey olacak korkusu içinde, tedirgin bekliyorlardı. Vincin zincirini meşin kayışlara taktıktan sonra taşı yanlamasına yere yatırmaları en çok on dakikalarını aldı. Daha önce gelmiş olan mühendisler Erdoğan ile birlikte, ortadaki boşluğa doğru giden kanalın alt yüzeye en yakın noktasının neresi olabileceğine karar verdiler Erdoğan'ın daha önce çizdiği çizgilere bakarak. Tam o noktayı işaretlediler.

Yaşlıca bir ustabaşı eline aldığı iri delgiye ince ama uzun bir uç taktı, yavaşça su dökerek delmeye başladılar. On beş santim kadar ilerlemişti ki, uç, boşluğa girdi. Tamam, dedi ustabaşı. Delgiye baş parmak kalınlığında bir başka uç takıp deliği genişletmeye başladı. İşte bu da olmuştu. "Bir boy daha genişletirsek yeter efendim," dedi Recai Bey'e dönerek ustabaşı. Onay verilmişti. Sonunda hemen hemen dört santim çapında bir boşluk açılmıştı taşın altında. Delik, daha önce bilgisayar ekranında gördükleri gibi, taşın ortasına kadar gidiyordu gerçekten. Uzunca bir tel soktular, temizdi.

"Bir hortum var mı?" diye sordu Ustabaşı Erdoğan'a. İsmail koşup bahçe hortumunu getirdi. Bir ucunu da kapıdaki musluğa bağladı. Musluğu açıp hortumu taşın içine soktular. Biraz çamur akar gibi oldu içinden. Mühendislerden biri akan çamurdan eline bir parça aldı,

"Laboratuvarda baktıralım, kaplumbağa kabuğuna benziyor gerçekten," dedi.

Coşkun Bey duymuştu:

"Ne o yine fosil mi buldun Yavuz Bey?" diye seslendi mühendise.

"Olabilir efendim" dedi mühendis. "Ama sanırım un ufak olmuş taşın içinde. Basınca ve zamana dayanamamıştır."

"Bir kaplumbağa milyonlarca yılda ağabeyimin heykelinin içine bir delik açtı demek," diye bir kahkaha attı Coşkun Bey. Nazlı Hanım o sırada Erdoğan'ın yanına gelmişti.

"Yüzüklerle küpeyi siz mi koyarsınız yoksa ben mi koyayım bunlara söyleyip de, ne dersiniz Erdoğan Bey?" dedi Recai ile Coşkun beyleri gösterip. "Şimdi benim bir şey koyduğumu gören eline geçeni içine atar diye korkuyorum. Siz adamlara yardım ederken koyamaz mısınız acaba belli etmeden? Sonra dedim ya, değerli şeyler olduğu için yarın öbür gün heykelin içinde hazine var diyerek kırmaya bile çalışır birileri," dedi kadıncağız çaresiz bir halde.

"Peki," dedi Erdoğan, "Ben yapmaya çalışırım." Sabah, sakladığı yerden alıp cebine koyduğu kol düğmesi ile küpeyi ve yüzükleri eliyle yokladı. Adamın metresinin verdiği kutuyu alıp almama konusunda kararsızdı. Yine de içeri girdi, çalışma masasının çekmecesini açtı. Kutu, açılan delikten giremeyecek kadar büyüktü. Erdoğan, ruju aradı, bulamadı.

"Ah ulan İsmail," dedi kızgınlıkla. "Sen yürüttün değil mi ruju. Zaten o gün kız gittikten sonra kalan meyve suyunu çaktırmadan içmiştin şişenin ağzını öper gibi. Kız düşürdü, ben de sakladım sandın ruju. İyi ki kutuyu açmamışsın," diye söylendi kendi kendine. O kızgınlıkla kutuyu eline aldı, içinde koymaya değecek ne var ki, diye düşündü. Yapışkan bantları maket bıçağıyla kesti, üst kapağı kaldırdı. İçinde siyah, topak yapılmış bir bez parçası vardı. Erdoğan bunu eline aldığında, hayatında gördüğü en küçük, en ince, belki de en kaliteli dantel külot olduğunu anladı şaşkınlıkla. Kutu açılır açılmaz baş döndürücü bir parfüm kokusu yükselmişti Erdoğan'ın burnuna. Külotun içinden kıza ait olduğu su götürmeyen bir tutam saç düştü yere. Erdoğan saçı aldı, külota sardı, cebine koydu, hemen dışarı çıktı. Adamlar bidonda getirdikleri dolgu hamurunu bir makinenin haznesine dolduruyorlardı.

"Şimdi tersine çevireceğiz heykeli," diye seslendi Coşkun Bey, Erdoğan'ı görünce." "Dolarken hava yapmaması lazım." Kayışların yerini değiştirdiler. Taşı iyice sarmışlardı. Vinç yavaşça çalıştı; koca taş bir kuş gibi havalandı. Kancalar, takılı olan kayışlarda sürülerek ağırlık merkezi kaydırıldı, ustalıkla baş aşağı çevrildi.

Şimdi Kenan Bey'in heykeli, altında açılmış bir delikle havada belirsizce salınarak içine doldurulacakları bekliyordu. Her şey hazırlanmıştı. Arkadaki kadınlarla adamlar kutulardan çıkardıkları şarapları açmış, kanepe tepsilerini kapının önündeki derme çatma masanın üstüne koymuşlardı.

Coşkun Bey, gülümseyerek kadehini kaldırdı. Atölyenin biraz uzağında birkaç köylü duruyordu. yaklaşmaya cesaret edememişlerdi. Burunları akan birkaç küçük çocuk, daha yakına gelmişler, orada neler olduğuna bakıyorlardı. İsmail'in martısı üstlerinden hızla geçti, İsmail ona el salladı. Coşkun Bey, bu elin duran adamlara sallandığını sandı; onlara dönüp:

"Arkadaşlar, gelin siz de katılın bakalım, bir şeyler yiyin," diye seslendi. Adamlar utana sıkıla geldiler, onlara da birer kadeh şarap verildi. Nasırlı, çatlak ellerinde şarap kadehleri, ötekiler gibi beklemeye başladılar.

Coşkun Bey, kadehini yine kaldırdı:

"Bu küçük tören aslında Erdoğan Bey'e bir ön teşekkür," dedi. Asıl törenimizi fabrikada yapacağız. Ama bu kısa zaman içinde böylesine imkânsız bir işin üstesinden gelen Erdoğan Bey'i atölyesinde kutlamak ve şu bizi korkutan deliği tıkamak için burada toplandık. Şimdi hepinizden Erdoğan Bey'le yardımcısını alkışlamanızı istiyorum." dedi. Ellerindeki kadehleri yere bırakan köylüler Erdoğan'ı ve İsmail'i avuçlarını patlatarak alkışladılar. Konukların bir bölümü kadehlerini bir yere koymuş, ötekiler alkışlar gibi yapıp, kadeh tutan ellerine sessizce vurmakla yetinmişlerdi. Erdoğan, bir şeyler söyleyip söylememek konusunda kararsızdı. Ama Coşkun Bey, onun ağzını açmasına fırsat bırakmadan sözlerine devam etti.

"Bildiğiniz gibi sevgili dostlarım; ağabeyim bu fabrikayı kurup şimdiki durumuna getirmek için yıllarını harcadı. On güne kadar heykelini fabrikaya dikeceğiz. Biz, yönetim kurulu olarak onu, bu fabrikanın kurucusu ve sahibi olduğunu gösteren, ona teşekkürlerimizi sunan şu belgeyi de içine koyacağımız bu heykelle sonsuza kadar yaşatmak istiyoruz."

Bu sözlerden sonra havada asılı duran heykelin yanında açılmış olan Erdoğan'ın yüksek merdivenine tırmanmaya başladı Coşkun Bey. Bir elinde rulo yapılmış ve bir fiyonkla bağlanmış kâğıt vardı. Kâğıdı delikten içeri attıktan sonra yavaşça merdivenden indi. Erdoğan eli cebinde kalakalmıştı. Nazlı Hanım yüzünde acı bir ifadeyle ona bakıyordu. O sırada Recai Bey atıldı. "Bir dakika," dedi. "biliyorsunuz ben Kenan'ın en eski arkadaşıyım." Kenan Bey değil, Kenan, demişti. Bu yakınlığın, yapacağı işe karşı olabilecek itirazları engelleyeceğinden emindi Recai Bey.

"Bu gördüğünüz kurşunkalemi ilkokul birinci sınıfa giderken o bana almıştı, harçlığından biriktirdiği parayla. Yarısına kadar kullandım, sonra sakladım. Koca adamlar olduğumuzda bunu ona gösterince inanamamış, bana bunu unuttuğunu söylemişti. Mezarına koyacaktım ama çürüyüp gitsin istemedim. Şimdi bu heykelin içine koymak istiyorum. Çocukluğumuzda ellerimizin değdiği bu kalemle birlikte bir ömür boyu süren arkadaşlığımızın anısını korusun istiyorum bu sağlam taş."

Sözlerinin sonuna doğru merdivenin dibine gelmiş, kimse karşı koymayınca merdivenleri çıkmaya başlamıştı. Çıkarken kalemi cebine koymuştu merdivenin kenarına tutunmak için. Aslında taş topu topu iki buçuk metre kadar yüksekteydi ama hareketlerine bakınca, ne Coşkun Bey'in ne Recai Bey'in hayatlarında hiç merdivene çıkmadıkları sanılabilirdi. Recai Bey merdivene çıkınca bin bir güçlükle elini cebine sokup, avucuna aldığı kalemi deliğe bıraktı. Tam o sırada Nazlı Hanım'la göz göze geldiler. Kadıncağız çok gergin duruyordu.

Erdoğan bundan cesaret almıştı. Yüksek sesle:

"Bir şcy rica edeceğim sizden," dedi. İzin verirseniz ben doldurmak istiyorum heykelin içini. Bu benim için ilginç bir deney olacak. Hem, şu küçük papatyayı Kenan Bey'e sunmuş olacağım." Bunu söylerken yerden bir papatya koparmıştı.

"Tamam," dedi mühendislerden biri, "Siz de çıkın merdivene, birlikte yapalım. Hava yapmaması gerekiyor biliyorsunuz doldururken."

Vincin askısı biraz daha kamyona doğru döndürüldü, mühendis kamyonun kasasına; Erdoğan, taşa yaklaştırılan merdivene çıktı. Erdoğan tırmanırken heyecanla külotu da yüzüklerle ve küpelerle birlikte avucuna almıştı. Yukarıda bunu fark ettiğinde ise iş işten geçmişti. Ya hepsini birden atacaktı deliğe, ya hiç birini. Gözü Nazlı Hanım'a kaydı. Kadın tırnaklarını kemirmeye başlamıştı heyecandan. Erdoğan'ın her hareketini dikkatle izliyordu. Erdoğan eşyaların saklı olduğu elinde papatyayı görünür biçimde tutuyordu. Mühendisin önünü vücuduyla kapayarak elinde ne varsa deliğe bıraktı. Sonra mühendise döndü, hortumun ucunu onun elinden alıp deliğe uzattı. Mühendis, "Çok ince akıtmamız gerekiyor," dedi. "Koyu bir bulamaç olduğu için kanalda tıkanırsa içerideki havayı dışarı atamaz. İsterseniz şu demir telle ara sıra yol verin," diyerek kalınca bir teli Erdoğan'a uzattı. Beş dakika içinde heykelin içi tamamen dolmuştu. Erdoğan hortumun ucunu mühendise geri verdi, merdivenden indi.

"İşlem tamam" dedi mühendis. "Biraz vibrasyon yapmamız gerekiyor içinde hava kalmışsa atsın diye." Vinci çalıştırdılar, küçük küçük hareketlerle vinç taşı sarsmaya başladı. Dolan hamur dökülmesin diye, heykel düzeltildiğinde içine oturabileceği gibi sığ bir kasa yapmışlardı. Bunu heykele giydirdiler, vinci çevirmeye başladılar. İşte ne olduysa o anda oldu. Vincin kayışlarından biri koptu ve koca taş yanlamasına toprağın üstüne düşüverdi. Tam düştüğü yerde, toprağın altında metrelerce giden ve ucunu dışarı yalnızca birbuçuk karış kadar çıkarmış bir kaya vardı. İki taş birbirlerinin direncini denediler çarpışma anında. Bu kimsenin göremeyeceği kadar kısa bir andı. Topraktaki kaya öylesine güçlüydü ki, Kenan Bey'in yapacağı hiçbir şey yoktu. Tam ortasından ikiye yarıldı; kimsenin ne olduğunu anlamasına fırsat kalmadan doldurulan boşluk ortaya çıktı. Bu, boşluk değil, devasa bir kaplumbağa kabuğuydu gerçekten. Yuvarlak yüzü sağlamdı ama büyük bölümü taşa kaynamış duruyordu. Altı çürümüştü. Kabuğun içinde dolgu hamuru parça parçaydı. İlk koşan mühendis oldu.

"O kadar uğraştık ama yine de biraz hava yapmış," dedi başını sallayıp.

Öteki mühendis kaplumbağa ile ilgilenmişti.

"Aman Tanrım," diyordu heyecan içinde. "Bu dünyada olay yaratacak. Bu kadar büyük, eski bir fosil bugüne dek bulunmamıştır. Ekranda gozukmuyordu ama bakın ne müthiş bir şeymiş." Nazlı Hanım ise eğilmiş, kabuğun içinden bir ucu parlayan kol düğmesini çıkarıyor, bir yandan da yüzükleri arıyordu. Elindeki yapışkan bezi silkeledi; bez açıldı, içinden henüz temiz kalmış bir tutam sarı saç havaya fırladı. Bez kimliğine kavuşmuş, tüm çekiciliği ile ben külotum diye haykırıyordu. Parfüm kokusu bile üstündeydi. Nazlı Hanım kızgın bakışlarını Recai Bey'e çevirerek.

"Bu o şırfıntının değil mi?" diye haykırdı. "Kalemmiş!.. Utanmadan bunu koyabildin değil mi?" diye hıçkırıyordu. Recai Bey ne olduğunu kavramamıştı, "Vallahi ben bir şey yapmadım, ne ki o," diye kekeliyordu. Sonra anlar gibi oldu sarı saçları görünce. "Gözü Coşkun Bey'e kaydı, bakıştılar, ne söyleyeceklerini bilemediler. Murat'la Olcay ağlayan annelerini arabaya götürdüler. Kadın; "Yüzüklerimizi bulun, bırakmayın," diye sızlanıyordu giderken. Coşkun Bey'le Recai Bey ne diyeceklerini bilemiyorlardı. Oradan kaçmakta buldular çareyi. Giderken Coşkun Bey:

"Siz çamur büstü bitirin Erdoğan Bey. Bronz dökümü yaptırın, biraz da yüksek bir kaide olsun altında, öbür gün görüşürüz," dedi. Recai Bey'le ayrı ayrı arabalara bindiler. Kalanlar kaplumbağa kabuğunun içindeki yüzükleri buldular, yıkayıp bir kâğıda sardılar. Adamlar ne var ne yok derleyip arabalara, kamyona yüklediler. Son gidenler Erdoğan'la vedalaşıp ayrıldılar. Mühendis:

"Kaplumbağa kabuğunu bana verir misiniz Erdoğan Bey?" dedi elini sıkarken. Erdoğan:

"Hayır, kusura bakmayın. Elimde kalan bir tek o," dedi üzüntüyle.

"Anlıyorum ama bir müzeye verin çünkü çok değerli," dedi mühendis.

"Olur," dedi Erdoğan. İsmail köylüleri evlerine göndermişti. Dolaptan küçük şişe rakıyı çıkardı, iki bardak getirdi; atölyenin kapı girişine yan yana oturdular. Bardakları doldurdu, üstlerine musluktan buz gibi pınar suyundan koydu İsmail. Bir süre ses çıkarmadan öyle durdular. Neden sonra İsmail, "Ağbi bronzu ne zaman döktüreceğiz?" dedi.

"Ne bileyim be İsmail, sen de ne zaman ne soracağını bilmiyorsun," diye çıkıştı Erdoğan.

İsmail birkaç dakika sonra:

"Ne sorayım ağbi?" dedi yüzünde muzip bir gülümsemeyle.

"Ne sorarsan sor; ama heykelden söz etme," dedi Erdoğan. "Şu kaplumbağanın oraya nasıl sıkıştığını da sorma. Ölmeden önce mi oraya sıkıştığını, yoksa öldükten sonra mı taşlara gömüldüğünü, acı çekip çekmediğini, kaç yıldır orda beklediğini filan hiç sorma."

İsmail sesini çıkarmadı.

Rüzgâr, o kargaşada bir kenara savrulmuş olan, dolgu hamuruna bulanmış kurdeleli kâğıdın üstünde döndü, kâğıda dokunmadı bile; ilerideki kayaya konmuş martıya doğru esti hafifçe.

Beyazlar giyinmiş iki adam, kendi çevrelerinde dönüyorlar. Başları yukarıda, gözleri kapalı. Boyunlarının büküklüğü, yazgıyı bilenlerden olduklarını gösteriyor. Kolları iki yana açık, bir elleri yukarı, bir elleri aşağı dönük; alır, veririz der gibi. Uzun etekleri döndükçe yükseliyor. Hem bir hortum gibiler hem anafor. Hem yerden alıp gökyüzüne veriyorlar, hem gökyüzünden alıp yere. Biri gizli dede, biri açık. Yüzyıllardır yatıyorlar, ama yine de dönüyorlar. Çünkü;

Duruyorum ve koşuyorum; üzengideki ayak gibi
Susuyorum ve söylüyorum; kitaptaki yazı gibi

demişti kendilerinden dört yüzyıl önce yaşamış olan, gönül gözüyle görüp sevdikleri pirleri.

Gören sanır sefadan semâ-ı râh ederim
Döner döner bakarım kûyi yâre âh ederim

demişti gizli olanı, neden döndüğünü anlatmak için.

Ben ise dönmeyi ilk kez gördüğümde açık denizde küçük bir teknedeydim. Yolumu yitirmiştim. Gökyüzünün birden karardığını gördüm. Rüzgâr, bilinen bütün adlarıyla esiyordu. Önümde denizin köpürerek bir sütun gibi yükseldiğini gördüm. Aynı anda bir anafor oluştu suyun üstünde. Göğün kara bulutlarının karışarak denizin dibine çekildiğini de gördüm. O zaman balıkların kuş, kuşların balık olduğunu; suyun hava, havanın su olduğunu; ışığın karanlık, karanlığın ışık olduğunu;

ölümün yaşam, yaşamın ölüm olduğunu anladım. Rüzgâr bir anda bıraktı suyu, su havayı bir anda bıraktı. Her şey bildiğimiz yerine döndü. Ölüm kendi yerine, yaşam kendi yerine. Ama imgeleri iç içe kaldı. Kendimi bir kıyıda buldum. Ayılırken gördüğüm; bir çocukla bir köpekti. Birkaç kulaç uzağımda, çocuk kendi çevresinde dönerek koşarken, bir merkezin çevresinde daireler çiziyordu. Köpek ise çocuğun çevresinde dönüyordu. Başımı kaldırıp bakınca; deniz suyunun tuzunu bıraktığı düz bir kayanın üzerinde bir topacın döndüğünü gördüm. Çocuk, ara sıra elindeki kalınca iple topaca vuruyor, durmamasını sağlıyordu. Yine kendimden geçmişim. Düşümde duyduğum ses:

Görenim ve görmeyenim; uykudaki göz gibi
Varım ve yokum; gül suyundaki koku gibi

diyordu.

Uyandığımda, çocukla köpek gitmişlerdi. Kayanın üzerinde iki iz kalmıştı yalnızca. Denizin ve topacın izi. Deniz, gelgitleriyle dikey izler bırakmıştı; topaç, dairesel izler. Hangisinin daha eski olduğu anlaşılamıyordu. Taşın çevresindeki kumlarda ise çocuktan ve köpekten kalan izler vardı. Bir anafor ya da hortum gibi dönerek ayrılmışlardı taşın yanından. Oyunun bitmediğini, çocuğun, topacı eline aldıktan sonra bile dönüşünü durdurmadığını anlamıştım. Köpek de durmamıştı. İzlerin peşinden gidersem kurtulabileceğimi düşündüm önce. Bunun yerine taşın yanına geri döndüm. Topacın, taşın üstünde bıraktığı izleri bir yazı gibi belleğime yerleştirdim. Bunu, eve döndüğümde bir kâğıda çizeceğim. İzlerin yaşamın sonsuz hareketinin izleri olduğunu biliyorum. Bu kâğıdı ne rüzgâra, ne de yılana kaptırmaya niyetim var.

Topaç

Başak'a

Kia o gün mağaraya alınmayınca, yaşamının artık eskisi gibi olmayacağını sezinlemişti.

Çocuklar, her sabah olduğu gibi o sabah da köyün meydanında toplanmışlar, mağaraya doğru yola çıkmışlardı. Yaşlı defne ormanı onları yine güzel kokular, yaprak hışırtıları, yeşil ışık oyunlarıyla karşılamıştı. Ormandaki sincaplara, tavşanlara, kuşlara, annelerine fark ettirmeden ceplerine koydukları ekmek parçalarını atmışlardı. Bir ağaç, hiç kimsenin anımsayamayacağı kadar eski olan ve o köyün insanları dışında kimsenin bilmediği orman yolunun girişini, neşe içinde, zıplayıp oynayarak ilerleyen çocukların arkasından birkaç dal sarkıtarak görünmez hale getirmişti.

Kia, yolda bir ara durmuş, başını kaldırmış, bir köpek gibi havayı koklamaya başlamıştı. O güne değin hiç duymadığı bir koku alıyor; kokunun nereden geldiğini anlamak için başını bir o yana bir bu yana çeviriyordu. Arkadaşları, onun geride kaldığını fark ettiklerinde koşup yanına gelmişlerdi. Kia, bu kokunun ne olduğunu sormuştu; ama arkadaşları bir koku duymadıklarını söylemiş, yürümeye başlamışlardı.

"Bir ağaç ya da bitki kokusuna benzemiyor," demişti Kia yürürken; "havanın kokusu değişti sanki. Havanın kokusunda bugüne dek duymadığım bir şey var, çok garip bir şey, sürekli alıyorum bu kokuyu."

Arkadaşları gülmüşlerdi.

"Aman Kia," demişti biri; "her gün aynı havayı soluyoruz, ne değişecek ki! Hem havanın koktuğunu da ilk kez senden duyuyorum."

"Hava kokar mı hiç," diyerek terslemişti bir başka arkadaşı Kia'yı. "Hava kokusuzdur; o kokuları taşır yalnızca; ama kendisi kokmaz. Bak şimdi çürümüş yosun kokuyor. Şuradaki sudan geliyor koku."

Kia ısrarla:

"Havanın kokusu diyorum size, ister inanın, ister inanmayın; öylesine farklı ki bu; hem öyle kekik gibi, defne gibi havanın üstünde durmuyor, bu koku havanın içinde sanki," demişti.

Arkadaşları bir yandan yürürken bir yandan Kia'yla şakalaşıyorlardı. Bir tekerleme bulmuşlar, adımlarını da bu tekerlemeye uydurmuşlardı.

Kia havanın altında, biz üstünde;
Kia havanın içinde, biz dışında.

Şakalaşma mağaraya kadar devam etmişti.

Mağara, defne ormanının ortasındaki kayalık bölgedeydi. Kapısında iri, siyah bir köpek beklerdi. Köyün en yaşlısı bile, bu köpeğin kaç yaşında olduğunu bilmezdi. Köyün yaşlıları, kendi dedelerinden, onların çocukluğunda da, aynı köpeğin mağarayı beklediğini duyduklarını söylerlerdi. Gece gündüz mağaranın kapısından ayrılmayan bu köpeğin ne su içtiği ne yemek yediği görülmüştü. Herkesin 'Bekçi' dediği bu köpeğe kimse bir ad yakıştırmaya cesaret edemezdi.

Bekçi, mağaraya yalnızca çocukları alırdı. Her çocuk, biraz büyüyüp dört, beş yaşına geldiğinde, köyün meydanında sabahları toplanan öbür çocuklara katılır, onların elinden tutup mağaraya gitmeye başlardı; ta ki köpeğin kendisini içeri almayacağı güne kadar.

Büyükler, akşamları mağaradan dönen çocukları soru yağmuruna tutarlardı; ama çocuklar orada yaptıklarından söz etmeyi istemezlerdi.

"Sanki bilmiyormuşsunuz gibi soruyorsunuz ne yaptığımızı; sanki siz hiç çocuk olmadınız, hiç topaç çevirmediniz hayatınızda," diye terslenirlerdi.

Yine de ana babalar, çocuklarının ne yaptıklarını öğrenmekten çok, bir zamanlar kendi yaşadıkları mutluluğu çocuklarının da tattığından emin olmak, bu duyguyla mutlu olmak için sorarlardı; özellikle de ilk günlerde.

"Nasıldı Topaç, yine ışık saçıyor muydu?"

"Sana da çevirtti mi arkadaşların?"

"İlk vuruşta ışık çıkartabildin mi?"

"Kaç sıra yaptınız çevresinde?"

"En çok ışığı kim çıkartıyordu?"

Çocuklarsa, çoğu zaman bu soruları bile duyamadıkları bir düş dünyasında, dalgın bakışlarla yemeklerini yerler, bir an önce yataklarına girer, bu büyülü oyunu ertesi gün oynarken neler olacağını düşleyerek uykuya dalarlardı.

O gün yaptıklarını düşlerinde bir kez daha görürlerdi. İki insan boyundaki topacın yavaş dönüşü onlar vurdukça hızlanır, topaç hızlandıkça ışıklanır, saydamlaşmaya, içindeki ölü kırmızı ışığı gostermeye başlardı. Kırmızı ışık, topacın hızlanmasıyla parlaklık kazanır, sonra küçük sıçramalarla büyüyerek dış yüzeye doğru genişler, genişledikçe rengi turuncuya, sarıya, sarıyeşile, açık maviye en sonunda da beyaza dönerdi. Çocuklar, topacı döndürmek için yanlarında getirdikleri kınnapları ikiye katlar, topaca olanca güçleriyle şaklatırlardı. Topaç beyaza kestiğinde, tümüyle ışık olurdu. İşte asıl oyun o zaman başlardı. Her çocuk orada kendi gücünü gösterirdi. Her vuruşta bu delicesine dönen beyaz topaçtan ışıklar kınnaba atlar, vuruşun gücüne göre sıçramalarla ilerler, çocukların ellerine kadar ulaşırdı. Topacın dönerken çıkardığı rüzgâr mağaranın kapısından dışarı eser, köpeğin tüylerini yalayarak uzaklarda kaybolurdu.

Çocuklar biraz büyüyünce, ışıkları ellerinden kollarına, oradan vücutlarına ilerletecek kadar güçlü vurabilirlerdi topaca. Bu bir yarışma gibiydi. Vücutlarına atlayan ışıklar ilerledikçe soğur; çocukların yüzlerinde, göğüslerinde, maviler, yeşiller harelenir, kıvılcımlanırdı. Işıkları vücudunda epeyce ilerleten çocuklardan biri kısa bir süre sonra mağaraya alınmazdı. Bekçi önüne dikilir, dişlerini gösterir, hırlardı. Çocuğun ışık yürütmedeki başarısı, ötekiler arasında bir süre konuşulur, sonra yeni başarılar geldikçe unutulurdu.

Kia da son günlerde ışıkları vücudunda yürütme işini epeyce ilerletmişti. Bir gün önce topaca öyle vurmuştu ki, ışıklar neredeyse tüm vücudunu sarmıştı. Topacın üzerinden kınnaba sıçrayan bir şimşek, bir an kınnabı topaca yapıştırmış, sonra hızla Kia'nın koluna, oradan vücuduna atlayarak, yüzünü, göğsünü, karnını rengârenk ışıklar içinde bırakmış, hayranlıkla bakan öteki çocukların gözlerinin önünde Kia'nın kasıklarına kadar ulaşarak bacaklarının arasında mavi ışıklar çaktırmıştı. Öteki çocuklar da aynı şeyi yapmak için tüm güçleriyle topaca vurmuşlar, ama ışıkları göğüslerine kadar ancak getirebilmişlerdi.

Çocukların, Kia için uydurdukları tekerlemeyle oynaya zıplaya mağaranın kapısına geldikleri o sabah, yerinde sessiz uzanmış gelenlere bakan kara köpek birden ayağa kalkmış, Kia'nın önüne dikilmiş, onu dikkatle kokladıktan sonra hırlamaya başlamıştı. Bu, büyük çocukların daha önce de birkaç kez gördükleri gibi, Kia'nın da artık mağaraya alınmayacağını gösteriyordu.

Kia, köpeğin yanından geçip mağaraya girmeye kalkışınca iri dişlerle karşılaşmış, korkmuştu.

"Benim Bekçi, ben Kia, beni tanımadın mı?" diye kekelemişti. Köpek, hırlayarak yanıtlamış, Kia'ya, içeri girmekte ısrar ederse iyi olmayacağını anlatmıştı. Çocuk, birkaç adım geri çekilince köpek hırlamasını kesmişti. Arkadaşları Kia'ya biraz da şaşkınlıkla bakmışlar;

"Kia büyümüş dün gece," demişlerdi birbirlerine.

Kia, umutsuzca yalvarıyordu köpeğe:

"Ne olur bekçi, bir kez daha, son bir kez daha vurayım topaca. Hem, beni bugün almayacağını dün söyleseydin, doya doya vurur, seyrederdim onu. Daha deneyeceğim vuruşlar vardı; dün gece hep düşündüm nasıl vurmam gerektiğini. Bugün beni son bir kez içeri al yalvarırım sana. Öyle bir vuracağım ki, ayak parmaklarıma kadar ışık olacağım," diyordu gözyaşları arasında.

Köpek yalnızca dimdik duruyor, Kia bir adım bile ilerlese hırlayıp dişlerini gösteriyordu. Bütün bu yalvarmaların hiçbir işe yaramayacağını biliyordu Kia. Daha geçen ay, aynı şey arkadaşı Maru'nun da başına gelmişti. Maru, Bekçi'nin önünde yaşlı gözlerle kalakalmış, arkadaşları biraz üzgün, onu yalnız bırakarak içeri girmişlerdi.

Arkadaşları girerken Kia, onlara seslendi:

"Akşam çıkınca köy meydanında buluşuruz, gelin de orada konuşalım, oynayalım."

Çocuklar başlarını sallayarak mağaranın içinde gözden kaybolmuşlardı.

Kia, bir gecede nasıl büyümüş olabileceğine akıl erdirememişti. Köye doğru yürürken ağlıyor, yerdeki taşlara tekmeler atıyordu. Vurduğu taşlardan biri, kendisine doğru yaklaşmakta olan, köyün yaşlılarından Naku'nun sandaletli ayaklarının dibinde durdu. Naku'yu görünce, Kia'nın, ağlaması daha da arttı. Naku, bastonuna dayanarak, ağır ağır Kia'nın yanına yaklaştı; çenesini tuttu, yukarı kaldırdı, saçlarını okşadı:

"Ne o Kia, dedi, neden mağarada değilsin sen, hasta mısın yoksa?"

Burnunu çekerek yanıtladı Kia:

"Bekçi içeri almadı beni..."

Naku, yaşlı bir ağacın, toprağın üstüne çıkıp bir yılan gibi dönerek yine toprağa girmiş kalın köküne oturdu inleyerek. Her yanının ağrıdığı belli oluyordu. Oturduğu yerin hemen yanına eliyle birkaç kez hafif hafif vurarak çocuğu çağırdı. Kia da, başı öne eğik, gelip yaşlı adamın yanına oturdu, başını ona yasladı. Naku:

"Demek büyüdün evlat," dedi şefkatle gülümseyerek. Sesinde yalnızca yaşlılıkta edinilen bir titreşim vardı.

"Hayır," diye atıldı Kia, "büyümedim, insan bir gecede nasıl büyür, benim de anlayamadığım bu. Dün nasılsam bugün de öyleyim."

"Öyle gelir insana yavrum," dedi yaşlı Naku. "Kimse çocukluktan büyüklüğe geçtiği geceyi bilmez; ama bekçi bunu hemen anlar. İnsan kendini hâlâ çocuk sanır ama Bekçi yanılmaz."

Yanda uzanan defne dalından bir yaprak kopardı Kia, sapını ağzına götürürken:

"Ama Naku," dedi, "Ben kendimi biliyorum. Bende bir değişiklik olmadı, daha ne sakalım çıktı, ne bıyığım; bak, yüzüme bak!"

Naku, Kia'nın yanaklarına baktı, okşadı, sonra gözlerini aşağılara indirdi, Bakışları Kia'nın sallanan ayağına takıldı.

"Dur bakayım," dedi bacağını tutarak çocuğun. Kia, bacağını sallamayı kesti, ne olduğunu anlamak için ayağına baktı.

"Ayakkabının burnu delinmiş oğlum," dedi Naku. "Eve gidince babana söyle de onarsın."

"Biliyorum," dedi omuzlarını kaldırarak Kia. "Dün arkası yırtılmıştı, ben onardım. Biraz önce de burnu patladı, taşa vurunca."

"İyi ki parmağın kırılmamış," dedi yaşlı adam. "Nasıl, sen mi onardın ayakkabını?"

"Evet ben onardım," dedi Kia.

Gülmeye başladı Naku;

"Bir de büyümedim diyorsun evlat, bak gördün mü?"

"Aman Naku, ayakkabı onarmak da iş mi; sanki bilmiyorsun çocukların ne kadar çok iş yaptığını. Odunu kim taşıyor, hayvanların yiyeceğini kim veriyor, kim onları otlatmaya götürüyor?"

"A benim Kia'm," dedi ona sarılarak Naku, "Çocuklar birçok iş yaparlar; ama onların asıl işi oyundur; oyunların da en güzeli topaç çevirmektir; hele mağaradaki topacı..." sonra birden sordu:

"Nasıl büyük topaç, yine öyle parlak mı? Işıkları yine şimşekleniyor mu?"

"Evet Naku," diye heyecanla atıldı Kia; "Hem öyle parlak ki... Dün görecektin hele. Öyle ışıklar çıkarıyordu ki vurdukça! Işıklar üzerimde nereye kadar ilerledi bil bakalım."

Naku gülümsedi;

"Tam bacaklarının arasına kadar."

"Nereden biliyorsun?" diye sordu Kia, şaşkınlıkla.

Güçsüz bir kahkaha attı Naku; "Benim de öyle olmuştu evlat," dedi, "hemen herkesin öyle olur. Bir gün öyle bir şaklatmıştım ki kınnabı, topacın üzerinden yıldırımlar fırlamıştı elime koluma, rengârenk yürüyüp karnımdan kasıklarıma inmişlerdi; bacaklarımın arasında ateşler yakmışlardı. Sanki bir balık çırpınmıştı oramda; sonra ertesi gün Bekçi kapıdan içeri sokmamıştı beni; ne üzülmüştüm sorma. Anımsadığım; o gün havanın bir başka koktuğuydu. O kokuyu bir süre daha duydum, sonra kayboldu. Şimdiyse ne gözüm görüyor, ne burnum koku alıyor. Kollarımda bir vuruşluk güç bile kalmadı."

Kia şaşkınlıkla dinliyordu.

"Nasıl bir kokuydu bu Naku?" diye heyecanla sordu.

"Anımsayamıyorum ki," dedi yaşlı adam. "Boşluğun kokusu gibi bir şeydi. Ne çiçek kokusuna benziyordu ne de hayvan, sanki hava boşalmıştı da boşluk kokuyordu."

"Tamam işte, öyle, aynı öyleydi bugün aynı kokuyu ben de duydum," dedi Kia.

"Dedem söylemişti bana, bu koku yalnızca çocukluktan çıkılırken duyulurmuş. Bu kokuyu alabilenin vücudu da bir başka kokarmış. Bekçi de buradan anlarmış o kişinin büyüdüğünü."

"Keşke dün o kadar hızlı vurmasaydım topaca, bilseydim de birkaç gün daha geciktirseydim, bekçiyi kandırsaydım," dedi Kia.

"Bekçiyi kandıramazsın," dedi Naku. "O hiçbir zaman kandırılmaz; çünkü onun görevi çocukla büyüğü birbirinden ayırmak; zaten artık senin içeri girmen doğru olmaz. Büyüyü bozarsın."

"Ne olur ki mağaraya girersem?"

"Neler olmaz ki! Dedim ya, oyunun büyüsü bozulur mağaraya bir büyük girerse. O zaman topaç parlaklığını yitirir, ışığı kaybolur, merkezindeki kırmızı ışık solar, sonra da söner gider."

"Bir daha çalışmaz mı?"

"Çok güç, o sönerse asıl felaket başlar; topaçla birlikte dünya da neşesini yitirir."

"Naku, dünyayla ne ilişkisi var bizim köyün mağarasındaki topacın?"

"Topaç durursa uzaktaki büyük dağın üstündeki köyün çocuklarının binlerce yıldır uçurduğu uçurtma rüzgâr bulamayabilir; rüzgâr olmayınca denizde dalga kalmaz, deniz kıyısındaki köyde dev kâğıt kayığı yüzdüren çocuklar oyunsuz kalırlar, çünkü kayık su çeker, batar. Uçurtmanın bekçisi kartal gökyüzünde, kayığın bekçisi yunus bir okyanusta kaybolur; topacın bekçisi köpek de bir daha çıkmamak üzere mağaranın derinlerine gider. Dünya da bir daha kendine gelemez. Bütün işler durur senin anlayacağın; denge bozulmayagörsün..."

"Ama topaç bensiz yavaşlamaz mı? Biliyorsun dün en çok benim sayemde dönmüştü."

"Sensiz de döner evladım," dedi Naku. "Hem bak, bir şey daha var. Oyunlar önce elde ya da ayakta başlar, sonra kasıklara yükselir; çoğu insan için orada biter. Sen, oyunu kasıklarından sonra kafana yükseltebilirsen, topacın ışıklarına benzer başka ışıklar da görebilirsin. Yani, topacı yitirmekle tüm oyunları yitirmedin."

Naku, yavaş yavaş kalktı oturduğu ağaç kökünden; bastonunu eline aldı:

"Haydi evlat," dedi, "ben gideyim artık, öylesine yaşlandım ki, kafamdaki oyunu da nasıl oynayacağımı şaşırıyorum; artık beni mağaradan çıkan çocukların yüzündeki mutluluktan başka sevindiren bir şey yok. Gideyim de mağaranın kapısında bekleyeyim."

Kia, Naku'ya güle güle dedi, arkasından baktı, yaşlı adamın titrek bacaklarıyla yürüyerek iyice uzaklaşmasını bekledi, ellerini cebine soktu, köyün yolunu tuttu.

Kelebekleri Gördüm

Kelebekleri gördüğümü yazmıştım bir kâğıda. *Rüzgâr*'ın önce alıp, sonra geri getirdiği kâğıtlardan biriydi bu. Onları bir kez mi binlerce kez mi gördüğümü anımsayamıyorum. Bu, kâğıtta da yazmıyor. Bilgiyi ben mi yazmadım, *Rüzgâr* mı gereksiz görüp sildi, bilmiyorum. Bu belirsizlik, *Tarih*'te ve *Bilgi*'de bir boşluk yaratıyor. Bu boşluk, benim yaşamı anlamakta, değerlendirmekte güçlük çekmeme neden oluyor. Evet düne kadar böyle düşünüyordum. Dün, bu belirsizliğin nedeninin yine kelebekler olduğunu anladıktan sonra yaşamım biraz anlam kazandı; ama çevremdekilere bunu anlatamadım. Onlar sayısal doğruluklar bekliyorlar hâlâ. Koordinatların, doğruların kesişmesiyle oluştuğunu herkes bilir, ama kelebekler bu kurala uymazlar. Çünkü onlar, koordinat denilen ölçebilme yönteminin bir aldatmaca olduğunu gösterebilmek için uğraşıp dururlar aynı anda birkaç yöne uçarmış gibi yaparak binlerce yıldır.

Kelebekleri bana gösteren bir genç kızla bir adam oldu.

Dün sabah erken saatte deniz kıyısında, evimin yakınındaki parktaydım. Deniz uyanalı çok olmamıştı. Güneş kararsızdı. *Rüzgâr* başıboş, miskindi. Kuşlar yiyecek arıyordu. Kediler akşamdan kalma sarhoşlar gibiydi. Parkta orta yaşlı, bakımlı bir kadın, üstünde spor giysisi, ayağında pahalı spor ayakkabılarıyla, arkasında şekerli bir parfüm kokusu bırakarak, gülünç adımlarla koşarcasına yürüyordu.

Adam, (doğanın her gün biraz daha delirttiği o adam,) yine her zamanki işini yapıyordu. Mevsimlerin, saatlerin çiçeklerle ağaçlar üzerinde yarattığı renk değişimlerini izlemekti onun işi. İzlemek ve şaşırmak. Parka neredeyse her gidişimde karşılaştığım bu adam, kimi zaman bir çiçek öbeğinden ötekine koşar, sonra dakikalarca orada beklerdi. Kimi zaman bir hızlanıp bir yavaşlayarak, uzun süre dolaşırdı. Onun, ışık değişimlerinin renk hesaplamalarını yaptığını çok sonra anladım. Bunu kendisi söyledi bana aslında. Bir akşamüstü, yanımdan geçerken, sanki tanışıyormuşuz gibi:

"Gelinciklerde kırmızı arttı, papatyalara yetişmeliyim," demişti, birkaç yüz metre uzaktaki papatya öbeğini göstererek.

Genç kızı da bu parkta farklı saatlerde yıllardır görüyordum. Kız, değişimleri izlemiyordu. Değişimlere karşı koymak için parka geliyordu. O, çiçeklerdeki renk değişimlerinin değişmez olduğunu anlamıştı. Dökülen çiçeklerin yerine yeni çiçeklerin gelmesinin değişmez olduğunu da. İki yıl kadar önce bu kızı bir öğleden sonra, yaşlı bir ağaca sarılmış, onu öperken görmüştüm. Başını yukarı kaldırdığında, üzerindeki mantonun kapüşonu kaymış, saçsız başı ortaya çıkmıştı. O zaman, birkaç aydır onun güzel, uzun sarı saçlarını neden göremediğimi anlamıştım. Zayıflamış olduğunun farkına da o zaman varmıştım. Altı aya yakın bir zaman, adamı hemen her gün, kızı ise yaklaşık üçer haftalık aralıklarla gördüm parkta. Orada, deniz kıyısında yaşlı bir balıkçı vardır. Genç kızı bir sabah onunla konuşurken görmüştüm. Balıkçıya sorduğumda, kızın saçlarının ilaçlar yüzünden döküldüğünü söyledi bana. Çok üzüldüğünü, bu kızın bir melek kadar iyi yürekli olduğunu, kışın en soğuk günlerinde parkın kedilerine, kuşlarına yiyecek getiren üç kişiden biri olduğunu, aldığı ilaçların akciğerini etkilediğini, koşmayı çok istediğini; ama birkaç adım atınca tıkandığını söyledi. Kuşlarla kedileri besleyen öbür iki kişinin, kendisi ve çiçeklere bakan adam olduğunu ise ondan öğrenmedim. Daha sonra genç kızın saçlarının yavaş yavaş uzamasını, yanaklarına renk gelmesini izledim. Kızı sonraki aylarda daha sık gördüm. Kedilere yemek verdi, ağaçlara sarıldı, kuşlarla konuştu. Hareketleri, zamanın sonsuzluğunu anlatır gibi yavaştı. Bu süre içinde, adam, renk değişimlerinin peşinde parkı binlerce kez dolaştı.

İşte, orta yaşlı kadının gülünç adımlarla parkta koştuğu dün sabah, kelebeklerin gerçekte nasıl olduğunu anladım. Her şey en çok yarım dakika içinde oldu, sonra dünya eski haline döndü.

Koşan kadının yanından üçüncü kez geçişinde, adam zarif bir reverans yaparak kadını alkışladı. O sırada kız, çimenleri ezmemek için parmaklarının ucunda toprak boşluklara basmaya çalışıyordu. Topraktaki karıncaları da kollarken dengesini bulmak için kollarını kuş kanatları gibi iki yana açmıştı. Alkış seslerini duyunca olduğu yerde kalakaldı. Alkış sesleri, adamın biraz ötesindeki çiçek öbeğinden onlarca kelebeğin havalanmasına neden oldu. Kız, kelebekleri gördüğü anda, adam da kelebekleri ve kolları iki yana açık, parmaklarının ucunda yükselmiş kızı gördü. O da kollarını iki yana açtı, yukarı kaldırdı, sevinç içinde bağırmaya başladı:

"Kelebekler özgürdür, kelebekler özgürdür, kelebekler özgürdür..." Koşan kadın, ne kelebekleri, ne kızı görmüştü. Kendisine laf atıldığını sandı. Bunun kendini bilmez bir deli tarafından yapılmış olmasının gururunu okşayacak bir yanı yoktu. Sert bir bakışla adama döndü, "Salak!" dedi yavaşça.

Adamla kız kolları iki yana açık, birbirlerinden biraz uzakta kelebeklere bakakaldılar. Kelebekler, parkın dört bir yanına dağıldılar ve *Zaman*'ın içindeki yerlerini aldılar. Bunu hiçbir bilim çözemedi; *Bilgi*'deki boşluk daha da büyüdü. Bana gelince, kelebeklerin aynı anda her yöne uçabilmelerinin, farklı zamanlardan kesilmiş kelebek resimlerinin aynı düzleme bir arada yapıştırılmasıyla oluştuğunu anladım. *Rüzgâr*'ın bizim başka zamanlarımızdan aldığı metinleri bir gün geri getirmesi gibi. Dünden beri bu büyük bilgiyle mutluyum.

⇔